CRÓNICAS DE LA CRUZ

CON RAZÓN LO LLAMAN

EL

SALVADOR

MAX LUCADO

EDITORIAL
UNILIT

SEPA
Spanish
Evangelical
Publishers
Association

Publicado por
Editorial **Unilit**
Miami, Fl. 33172
Derechos reservados

Primera edición 1995

© 1986 por Multnomah Press
Publicado originalmente en inglés con el título:
No Wonder They Call Him the Savior
por Multnomah Press, una parte de la familia de Questar.

Traducido al español por: Guillermo Vázquez

Citas bíblicas tomadas de:
Santa Biblia, Revisión de 1960
©Sociedades Bíblicas en América Latina, y
"Ls Biblia de las Américas"
© 1986 The Lockman Foundation
La Habra, California 90631
Usadas con permiso

Producto 495326
ISBN 0-7899-1164-7
Impreso en Colombia

A Denalyn,

con amor eterno

Contenido

La parte que importa

PARTE I

LA CRUZ: SUS PALABRAS

PARTE II

LA CRUZ: SUS TESTIGOS

PARTE III
LA CRUZ: SU SABIDURÍA

Reconocimientos

Un caluroso agradecimiento a:

Doctor Tom Olbricht, por mostrarme lo que en verdad importa.

Doctor Carl Brecheen, por las semillas plantadas en un corazón hambriento.

Jim Hackney, por su discernimiento en los sufrimientos de nuestro Maestro.

Janine, Sue, Doris y Paul, por sus escrituras a máquina y estímulos.

Bob y Elsie Forcum, por su compañerismo en el evangelio.

Randy Mayeux y Jim Woodroof, por sus comentarios constructivos y apoyo fraternal.

Liz Heaney y Multnomah Press, por sus agudas habilidades editoriales y creatividad.

Y más que todo a *Jesucristo.* Por favor , acepta esta ofrenda de gratitud.

La parte que importa

Quiero saber qué es lo que cuenta —Profundo acento irlandés. Profundos ojos negros. La afirmación era sincera—. No me hable de religión; ya he ido por ese camino. Y por favor, déjese de teologías; tengo un título en eso. Vaya al corazón del asunto, ¿entendido? Quiero conocer lo que en verdad cuenta.

Su nombre era Ian. Era estudiante en la universidad canadiense que me encontraba visitando. A través de una serie de detalles él descubrió que yo era cristiano y por ciertas charlas me di cuenta de que él quería serlo, pero que estaba desencantado.

—Yo crecí en la iglesia —explicó— Quise entrar en el ministerio. Tomé todos los cursos, la teología, los idiomas bíblicos, la exégesis. Pero yo renuncié. Justamente algo no calzaba.

—Algo que está allí, en alguna parte —habló con ansiedad—. Por lo menos pienso que está.

Levanté la mirada desde mi café cuando él comenzó a menear el suyo. Entonces resumió su frustración con una pregunta.

—¿Qué es lo que *realmente* importa? ¿Qué cosa es la que cuenta? Dígame. Deje de andar por la periferia. Vaya a la esencia.

La parte que importa.

Miré a Ian por largo tiempo. La pregunta quedó flotando en el aire. ¿Qué debería haber dicho? ¿Qué podía haber dicho? Podría haberle hablado sobre la Iglesia. O tal vez haberle dado una respuesta doctrinal o haberle leído algo clásico como el Salmo 23: «El Señor es mi pastor...» Pero todo eso parecía demasiado pequeño, tal vez algunos pensamientos sobre la sexualidad, o la oración, o la Regla de Oro. No; Ian quería el tesoro. Él quería lo fundamental.

Deténgase un momento y póngase en su lugar por un segundo. ¿Puede oír su pregunta? ¿Puede sentir el sabor de su frustración?

—No me dé religión —estaba diciendo—. Déme lo que importa.

¿Qué cosa importa?

En la Biblia de usted, de más de mil páginas, ¿qué es lo importante? Entre todos los «haga esto y aquello no lo haga», los «debe y no debe», ¿qué es esencial? ¿Qué es indispensable? ¿El Antiguo Testamento? ¿El Nuevo? ¿La gracia? ¿El bautismo? ¿Qué le hubiera dicho usted a Ian? ¿Le hubiera hablado del diablo en el mundo o de la eminencia del cielo? ¿Le habría citado Juan 3:16, o Hechos 2:38, o tal vez leído la I Corintios 13?

¿Qué importa, realmente?

Estoy seguro de que usted también habría luchado con esta pregunta. Tal vez también ha ido a través de los hechos, de la religión y de la fe, y ha encontrado usted mismo, más a menudo, que no es más que un pozo seco. Las oraciones parecen vacías. Las metas suenan inalcanzables. El cristianismo llega a ser un complicado registro de altos y bajos, y de notas que no suenan como deberían.

¿Es esto todo lo que hay? Asistencia del día domingo. Hermosas canciones. Diezmos llenos de fe. Cruces doradas. Vestidos de tres piezas. Grandes coros. Biblias de cuero. Esto es bonito y todo, pero... ¿Dónde está el corazón, la esencia de todo esto?

Revolví mi café. Ian revolvió el suyo. Yo no tenía respuesta. Todos mis versículos tan obedientemente memorizados parecían inapropiados. Todas mis respuestas «enlatadas» parecían pobres, chatas.

Sin embargo, ahora, muchos años más tarde, sé qué compartiría con él.

Piense sobre estas palabras de Pablo en I Corintios, capítulo 15.

> *«Porque, primeramente os he enseñado lo que asimismo recibí: Que Cristo murió por nuestros pecados, conforme a las Escrituras.*[1]

«Porque primeramente...», dice.

Siga leyendo: «Y que fue sepultado, y que resucitó al tercer día, conforme a las Escrituras, y que apareció a Céfas, y después a los doce».[1]

Aquí está. Casi muy simple. Jesús fue muerto, enterrado y resucitado. ¿Sorprendido? Lo que importa es la cruz. Ni más, ni menos.

La cruz.

Cristo descansa en la cronología de la historia como un refulgente diamante. Su tragedia resume la de todos los que sufren. Su absurdo atrae a todos los cínicos. Su esperanza anima a todos los buscadores.

Y según Pablo, la cruz es lo que cuenta.

¡Madre mía! ¡Qué pedazo de madera...! La historia la ha idolatrado y la ha despreciado, la ha hecho una cruz de oro o plateada y hasta la ha quemado, la ha usado y la ha tirado. La historia ha hecho todo con ella, menos pasarla por alto.

Esa es la única opción que la cruz no ofrece.

¡Nadie puede dejarla de lado! Usted no puede pasar por alto un pedazo de madera que sostiene la más grande proclamación en la historia. ¿Un carpintero crucificado proclamando que Él es Dios en la tierra? ¿Divino? ¿Eterno? ¿El destructor de la muerte?

No se sorprenda entonces que Pablo llame a esto «la locura del evangelio». Su afirmación es sensata: si el relato es verdadero, es el eje de la historia. Punto. Si no, es el engaño de la historia.

Es por esa razón que la cruz es lo que importa. Esa es la razón por la que si yo tuviera esa taza de café para beber con Ian otra vez, le hablaría acerca de esto. Le contaría el drama de ese día de abril en que soplaba el viento, el día cuando el reino de la muerte fue recuperado y la esperanza alzó la recompensa. Le diría acerca de la caída de Pedro, de la vacilación de Pilato y de la lealtad de Juan. Veríamos sobre ese jardín de la decisión lleno de tinieblas y del cuarto incandescente de la resurrección. Discutiríamos las últimas palabras pronunciadas tan deliberadamente por este autosacrificante Mesías.

Y finalmente, miraríamos al Mesías mismo. Un obrero judío cuya proclama alteró a todo un mundo, y cuya promesa nunca ha sido igualada.

No se sorprenda de que lo llamen el Salvador.

Me estoy preguntando si no podría estarme dirigiendo a algunos lectores que tengan la misma pregunta que Ian tenía. Oh, la cruz no es nada nuevo para usted. Usted la ha visto. Usted la ha usado. Ha pensado en ella. Usted ha leído acerca de ella. Tal vez haya orado ante ella. Pero, ¿la conoce?

Cualquier estudio serio de la proclama cristiana es, en su esencia un estudio de la cruz. Aceptar o rechazar a Cristo sin un cuidadoso examen del Calvario es como decidirse por un automóvil sin considerar el motor. Ser religioso sin conocer la cruz es como poseer un Mercedes sin motor. Bonita carrocería, pero ¿dónde está su poder?

¿Quiere hacerme un favor? Consígase un poco de café, póngase cómodo, déme una hora de su tiempo y dé conmigo una buena mirada a la cruz. Examinemos esta hora de la historia. Miremos a los testigos. Escuchemos las voces. Miremos las caras. Y por sobre todo, observemos a uno a quien llaman el Salvador. Y veamos si podemos encontrar la parte que en verdad importa.

1.   I Corintios 15:3,4; VRV60, itálicas mías.

La cruz:
Sus palabras

1

Palabras finales, hechos finales

En un reciente viaje a mi pueblo natal me tomé el tiempo para ir a ver un árbol. «Un roble vivo», como lo llamaba mi padre (acentuando «vivo»). No era nada más que un árbol joven, tan delgado que podía poner la mano alrededor de él y tocar el dedo medio con el pulgar. Los vientos del oeste de Texas levantaban las hojas que habían caído en el otoño y me hacían cerrar completamente mi chaqueta. No hay nada más frío que un viento de la llanura, especialmente en un cementerio.

«Un árbol especial», dije para mí mismo, «con un trabajo especial». Miré a mi alrededor. El cementerio estaba alineado con olmos pero no con robles. El terreno estaba sembrado de lápidas en vez de árboles. Solamente éste. Un árbol especial para un hombre especial.

Tres años atrás, papá había comenzado a notar cierta debilidad de sus músculos. Comenzó en sus manos. Luego la sintió en sus tobillos. Luego sus brazos adelgazaron un poco.

Él mencionó su condición a mi cuñado que era médico, quien alarmado lo envió a un especialista. El especialista le hizo una gran cantidad de exámenes —hemograma, estudios neurológicos y muscular— y llegó a su conclusión: la enfermedad Lou Gehrig. Una parálisis devastadora. Nadie sabe la causa o la cura. La única cosa segura acerca de ella es su crueldad y su paso implacable.

Miré el lote de terreno en el que algún día enterraría a mi padre. Papá siempre quiso ser enterrado bajo un árbol de roble, así que compró éste. «Orden del valle», manifestó. Tuvo que conseguir un permiso especial del municipio para ponerlo aquí. (Eso no fue difícil en este polvoriento pueblo de región petrolera, donde todos conocen a todos.)

Se me hizo un nudo en la garganta. Otro en su lugar podría haberse enojado. O podría haberse dado por vencido. Pero Papá no lo hizo. Él sabía que sus días estaban contados, así que comenzó a poner su casa en orden.

El árbol era sólo uno de los preparativos que hizo. Mejoró la casa para mamá, instalando un sistema de riego para el jardín, una cerradura de la puerta del garaje y pintó la podadora. Tenía el testamento sin fecha. Verificó el seguro y los planes financieros. Compró algunas acciones para continuar con la educación de sus nietos. Planeó su funeral. Compró lotes en el cementerio tanto para él como para mamá. Preparó a sus hijos a través de palabras de fortaleza y cartas de amor. Y al final de todo, compró el árbol. Un árbol de roble vivo (pronunciado con un acento especial en «vivo»).

Actos finales. Horas finales. Palabras finales.

Estos reflejaban una vida bien vivida. Así fueron las últimas palabras de nuestro Maestro. Cuando estaba en el umbral de la muerte, Jesús también puso su casa en orden:

Una oración final de perdón.

Una plegaria concedida.

Una petición de amor.

Una pregunta de sufrimiento.

Una confesión de humanidad.

Un pedido de liberación.

Un grito de consumación.

¿Palabras musitadas de casualidad por un mártir desesperado? No; palabras de profundidad descritas por el Divino Libertador en los lienzos del sacrificio.

Palabras finales. Actos finales. Cada uno es una ventana a través de la cual la cruz puede ser mejor comprendida. Cada uno abre un tesoro de promesas. «Así que allí es donde lo aprendiste», dije en alta voz, como hablándole a mi padre. Sonreí para mis adentros y pensé: «Es mucho más fácil morir como Jesús si has vivido como Él durante toda la vida».

Las horas finales están pasando ahora. La débil llama de su candelero es cada vez más y más débil. Él está en paz. Su cuerpo se está muriendo, pero SU espíritu continúa viviendo. Nunca más se levantará de la cama. Él ha escogido vivir sus últimos días en casa. No será por mucho tiempo. El viento de la muerte pronto soplará y apagará el candelero y todo terminará.

Miré otra vez el frágil roble. Lo toqué como si hubiera estado oyendo mis pensamientos.

—¡Crece! —le dije en voz baja—. Crece fuerte. Hazte alto. El tuyo es un tesoro valioso.

Cuando conducía hacia la casa a través del trecho de un campo de petróleo me quedé pensando en ese árbol. Aunque débil, las décadas lo encontrarán fuerte. Aunque enjuto, los años añadirán firmeza y fortaleza. Sus últimos años serán los mejores. Tal como los de mi padre. Tal como los de mi Maestro. «Es mucho más fácil morir como Jesús si tú has vivido como Él durante toda la vida».

—Crece, joven árbol —Mis ojos estaban empeñándose—. Permanece fuerte. El tuyo es un valioso tesoro.

Papá estaba despierto cuando llegué a casa. Me apoyé sobre su cama:

—He visto el árbol —le dije—. Está creciendo.

Él sonrió.

2

Palabras que hieren

«Padre, perdónalos».
Lucas 23:34

El diálogo en la mañana de ese viernes era amargo.
De los espectadores:
—¡Si eres el hijo de Dios bájate de la cruz!
De los líderes religiosos:
—A otros salvó, pero a sí mismo no se puede salvar.
De los soldados:
—Si tú eres el rey de los judíos, sálvate a ti mismo.
Palabras amargas. Ácido con sarcasmo. Odio. Irreverencia.
¿No era suficiente que Él estaba siendo crucificado? ¿No era suficiente que estaba siendo avergonzado como un criminal? ¿No eran suficientes los clavos? ¿Fue la corona de espinas demasiado suave? ¿Habían sido muy pocos los azotes?

Para algunos, aparentemente, sí.

Pedro, un escritor no dado normalmente a usar muchos verbos descriptivos, dice que quienes pasaban cerca «le lanzaban» insultos al Cristo crucificado.[1]

Ellos no sólo insultaban, hablaban o blasfemaban. «Le lanzaban» piedras verbales. Tenían toda la intención de herir y lastimar.

«¡Hemos quebrantado el cuerpo, ahora rompamos el espíritu!» De esa manera «templaban sus arcos con las flechas de su autojusticia y lanzaban torturantes dardos de puro veneno.

De todas las escenas alrededor de la cruz, ésta es la que más me enoja. ¿Qué clase de personas —me pregunto— se burlará de un hombre agonizante? ¿Quién sería tan indolente como para poner sal en las heridas abiertas? ¿Cuán bajo y pervertido es hablar con desprecio a uno que está atado con dolor? ¿Quién se burlaría de una persona que está sentada en la silla eléctrica? ¿O quién señalaría con el dedo y se reiría de un criminal que tiene la cuerda de la horca alrededor de su cuello?

Puede estar seguro de que Satanás y sus demonios fueron la causa de tal inmundicia.

Y luego el criminal en la cruz número dos lanza su golpe.

—¿No eres tú el Cristo? ¡Sálvate a ti mismo y a nosotros!

Las palabras lanzadas ese día tenían el propósito de herir. Y no hay nada más doloroso que las palabras que tienen el propósito de herir. Esa es la razón por la que Santiago llama a la lengua un fuego. Sus llamas son tan malignas y destructoras que destrozan como las de una gran antorcha.

Pero no le estoy diciendo nada nuevo. Sin lugar a dudas usted ha tenido que soportar palabras que hieren. Usted ha sentido la tortura de un escarnecimiento bien apuntado. Tal vez usted está sintiéndolo. Alguien que usted ama o respeta lo azota en el piso con un látigo o con el fuego de la lengua. Y allí yace usted; herido y sangrando. Tal vez las palabras fueron dirigidas para herirlo, tal vez no; pero eso no importa. La herida es profunda. Los daños son internos. Corazón quebrantado, orgullo herido, sentimientos lastimados.

O tal vez su herida es vieja. Aunque la flecha fuera extraída hace mucho tiempo, la punta aún permanece... escondida debajo de su piel. El viejo dolor aflora impredecible y decisivamente recordándole las lacerantes palabras aún no perdonadas.

Si usted ha sufrido —o está sufriendo— debido a las palabras de alguien, estará contento de saber que hay un bálsamo para esta laceración. Medite en las palabras de 1 Pedro 2:23:

> *«Quien cuando le maldecían, no respondía con mal-*
> *dición; cuando padecía, no amenazaba, sino enco-*
> *mendaba la causa al que juzga justamente.*

¿Ve usted qué no hizo Jesús? Él no se desquitó. Él no devolvió la ofensa. Él no dijo: «¡Ya verás!» «¡Ven acá y di eso mismo en mi cara!», «¡Sólo espérate hasta después de la resurrección, bobo! No, estas declaraciones no se encontraron en los labios de Cristo.

¿Vio lo que Jesús sí hizo? Él «encomendó su causa al que juzga justamente. O dicho más simplemente, dejó el juicio a Dios. Él no se hizo cargo de la tarea de buscar revancha. Él no demandó explicaciones. Él no pagó a ningún emisario ni envió a nadie con ninguna propuesta. Él, al contrario de la reacción normal, asombrosamente, habló en defensa de ellos: «Padre, perdónalos porque no saben lo que hacen».[2]

Sí, el diálogo en esa mañana del viernes fue amargo. Las piedras verbales fueron destinadas a atormentar y torturar. Cómo Jesús —con un cuerpo quebrantado por el dolor, los ojos cegados por su propia sangre y los pulmones inflándose ansiosamente en busca de aire pudo hablar en favor de malvados sin corazón, es algo que va más allá de mi comprensión. Nunca he visto tal amor. Si alguna vez una persona mereció una buena oportunidad para la revancha, Jesús fue esa persona. Pero Él no la tomó. En vez de eso murió por sus adversarios. ¿Cómo pudo hacerlo? Yo no sé. Pero sí sé que todas mis heridas parecen insignificantes. Mis rencores y duros sentimientos se vuelven repentinamente infantiles.

Algunas veces me sorprendo al ver el amor de Cristo, no tanto por la gente que toleró como por el dolor que soportó.

Maravillosa gracia.

1. I Pedro 2:23
2. Lucas 23:34

3

La venganza del ciudadano "vigilante"

Treinta y siete años de edad. Delgado, casi frágil. Calvo y con anteojos. Tez pálida. Ciudadano modelo y tímido. Ciertamente no es una descripción que usted daría sobre un «vigilante». Seguramente no era la persona que usted utilizaría para representar a Robin Hood o al Llanero Solitario.

Pero eso no molestó al público americano. Cuando Bernhard Hugo Goetz mató a cuatro maleantes que iban a ser sus asesinos en un tren subterráneo de Nueva York, instantáneamente se convirtió en un héroe. Una popular actriz le envió un telegrama de «amor y besos». Camisetas con la leyenda «Aniquilador de asesinos» comenzaron a aparecen en las calles de Nueva York. Un grupo de rock escribió una canción en su honor. La gente recolectó dinero para su defensa. Los programas de radio fueron bombardeados con cantidad de llamadas telefónicas. «No deben dejarlo ir a la cárcel», dijo uno de los locutores de radio.

No es difícil ver por qué.

Bernhard Goetz era una fantasía americana hecha realidad. Hizo lo que todo ciudadano quiere hacer. Peleó defendiéndose. «Tomó el toro por las astas». «Golpeó al villano en la nariz». «Aplastó al diablo en la cabeza». Este héroe poco común encarnó el sentir de una nación entera, inclusive de un sentimiento mundial: la pasión por la venganza.

La efusión de respaldo da evidencia clara. La gente está fuera de sí. Está enojada. Hay un hirviente coraje enjaulado que nos hace enaltecer a un hombre que sin temor (o temerosamente) dice «¡No voy a soportarlo más!», y luego viene con una pistola caliente en cada mano.

Estamos cansados. Estamos cansados de ser baleados, asustados e intimidados. Ya no podemos más con los asesinatos en serie, los violadores y los asesinos a sueldo.

Estamos enojados con alguien, pero no sabemos con quien. Tenemos miedo de algo, pero no sabemos de qué. Queremos defendernos, pero no sabemos cómo. Y entonces, cuando un *vaquero del oeste al estilo Wyatt Earp* de nuestros días entra en escena, lo aplaudimos. Él está hablando por nosotros. «¡Ese es un camino que hay que seguir, defiéndase como pueda; esa es la manera en que hay que hacerlo!»

¿Es así? ¿Es ésa realmente la manera de hacerlo? Pensemos en nuestra ira por sólo un minuto. Ira. Es una peculiar y, sin embargo, predecible emoción. Comienza como una gota de agua. Como una irritación. Como una frustración. Nada grande, sólo algo que se hace cada vez más grave. Alguien ocupa su puesto de estacionamiento. Alguien se le atraviesa en la autopista. Una camarera es lenta y usted está de prisa. La tostada se quema. Gotas de agua. Drip, drip, drip, drip.

Sin embargo, obtenga suficientes de estas aparentemente inocentes gotas de ira y antes de que pase mucho tiempo habrá conseguido un balde lleno de furia. Venganza que viene. Amargura ciega. Odio desbocado. No confiamos en nadie y mostramos nuestros dientes a cualquiera que esté cerca. Nos convertimos en ambulantes bombas de tiempo que, precisamente dada la tensión y el temor, podrían explotar como el señor Goetz.

Ahora, ¿es esa una manera saludable de vivir? ¿Qué bien ha traído alguna vez el odio? ¿Qué esperanza ha creado alguna vez la ira? ¿Qué problemas han sido resueltos por la venganza?

Nadie puede culpar al público americano por aplaudir al hombre que peleó y se defendió. Sin embargo, a medida que el atractivo va desapareciendo de tales actos, la realidad nos lleva a preguntarnos: ¿Qué bondad fue hecha? ¿Es esa realmente la manera de reducir la tasa de criminalidad? ¿Serán seguros, después de esto, los trenes subterráneos? ¿Están ahora las calles libres de temor? No. La ira no hace eso. La ira sólo alimenta un instinto primitivo de venganza que alimenta nuestro enojo que a su vez alimenta nuestra venganza que alimenta nuestra ira —usted ya tiene el cuadro. Los ciudadanos «vigilantes» no son la respuesta. Sin embargo, ¿qué debemos hacer? No podemos negar que nuestra ira existe. ¿Cómo podremos ponerle freno? Una buena opción se encuentra en Lucas 23:34. Aquí Jesús habla sobre la turba que lo mató. «Padre, perdónalos porque no saben lo que hacen».

¿Se ha preguntado usted alguna vez cómo fue que Jesús pudo mantenerse sin tomar represalias? ¿Se ha preguntado alguna vez cómo hizo para no perder los estribos? Aquí está la respuesta. Es la segunda parte de su declaración: «Porque no saben lo que hacen». Es como si Jesús considerara a esa multitud sedienta de sangre, hambrienta de muerte, como si fueran víctimas y no como asesinos. Es como si en sus rostros Él viera confusión en vez de odio. Es como si Él los considerara no como una turba militante, sino tal como Él los llamó: como «ovejas sin pastor».

«Ellos no saben lo que hacen».

Y cuando usted piensa sobre esto se da cuenta de que ellos no pensaron. No tenían ni la más leve idea de lo que estaban haciendo. Era una turba enloquecida, fuera de control, furiosa con algo que no podía ver, así que llevó las cosas demasiado lejos, toda la gente. Pero ellos no sabían lo que estaban haciendo.

Y lo que es peor, nosotros tampoco lo sabemos. Todavía, a pesar de que aborrezcamos reconocerlo, somos ovejas sin pastor. Todo lo que sabemos es que nacimos en algún momento del tiempo y estamos temerosos de la eternidad. Jugamos con las realidades del dolor y de la muerte. No podemos contestar nuestras propias preguntas sobre el amor y el sufrimiento. No podemos resolver el problema de envejecer. No sabemos cómo curar nuestros cuerpos o seguir junto a nuestra pareja. No podemos mantenernos fuera de la guerra. No podemos siquiera mantenernos alimentados.

Pablo habló por la humanidad cuando confesó: «Yo no sé qué es lo que estoy haciendo».[1]

Ahora, sé que eso no justifica nada. Eso no justifica a los conductores que se fugan de la escena de un accidente o a los vendedores de pornografía infantil o a los traficantes de heroína. Pero ayuda a explicar por qué ellos hacen esas cosas repugnantes.

Mi punto es este: Una ira descontrolada no hará mejor a nuestro mundo, pero un entendimiento sabio sí lo hará. Una vez que vemos al mundo y a nosotros mismos tal como somos, entonces podemos ayudar. Una vez que nosotros nos entendemos, comenzamos a vivir no desde una posición de ira sino de compasión y preocupación. No miramos al mundo con seños fruncidos sino con manos extendidas. Nos damos cuenta de que las luces están opacadas y que una cantidad de gente está tropezando en las tinieblas. Así que prendemos candeleros.

Como dijo Miguel Ángel: «Criticamos siendo creativos». En vez de defendernos, ayudamos. Vamos a los ghettos. Enseñamos en las escuelas. Construimos hospitales y ayudamos a los huérfanos... Y ¡claro! deponemos nuestras armas.

«Ellos no saben lo que hacen».

Una comprensión adecuada del mundo nos lleva a querer salvarlo, aun hasta morir por él. ¿Ira? La ira nunca hizo nada bueno a nadie. ¿Entendimiento? Bien, los resultados no son tan rápidos como la bala del ciudadano vigilante, pero son ciertamente mucho más constructivos.

---

1. Romanos 7:15, paráfrasis del autor.

4

El cuento del ladrón crucificado

«De cierto te digo que hoy estarás
conmigo en el paraíso».
Lucas 23:43

S i esta petición fue sorprendente, la respuesta concediéndola lo fue aun más. El sólo tratar de describir la escena es suficiente para hacer un cortocircuito en la más activa imaginación: ¿un ex convicto de aspecto rudo, pidiendo al Hijo de Dios vida eterna? No obstante trate de imaginar que la apelación haya sido concedida. Esto va mucho más allá del plano de la realidad, ingresando en lo absurdo.

Pero tan absurdo como pueda parecer, eso es exactamente lo que sucedió. El que merecía el infierno logró el cielo, y nos quedamos perplejos. ¡Dios mío! ¿Qué estaba tratando de enseñarnos Jesús con eso? ¿Qué estaba tratando de probar perdonando a este malhechor, quien con toda probabilidad nunca había mencionado la gracia, y mucho menos había hecho nada para merecerla?

Bueno, he llegado a formular a una teoría. Pero para explicarla debo contarle un cuento que usted tal vez no crea. Se trata de dos vagos que penetraron a un almacén en una gran ciudad. Entraron sin problemas, permaneciendo en ella lo suficiente para hacer lo que se habían propuesto, y escaparon sin ser vistos. Lo que es inusual acerca de la historia es lo que estos tipos hicieron. No tomaron nada, absolutamente nada. Ninguna mercancía fue robada. Ningún artículo fue removido. Pero lo que ellos hicieron fue tremendo.

En vez de robar, cambiaron el valor de todas las cosas. Las etiquetas con los precios fueron arrancadas. Los valores fueron cambiados. Estos hábiles malhechores quitaron la etiqueta de $395 de una cámara fotográfica y pegaron en ella la etiqueta de $5 de una caja de papelería. La etiqueta de $5.95 de un libro en empastado rústico fue removida y colocada en un motor fuera de borda. ¡Ellos revaloraron todas las cosas de la tienda!

¿Locos? Usted lo apostaría. Pero la parte más loca de esta historia tuvo lugar la mañana siguiente (usted no lo va a creer). La tienda abrió como de costumbre. Los empleados asistieron. Los clientes comenzaron a comprar. El lugar funcionó como de costumbre por cuatro horas antes de que alguien notara lo que había sucedido.

¡Cuatro horas! Algunas personas consiguieron grandes baratillos. Otros fueron estafados. Por cuatro largas horas nadie notó que todos los valores habían sido alterados.

¿Difícil de creer? No debería serlo; vemos suceder algo parecido todos los días. Estamos dominados por un distorsionado sistema de valores. Vemos las cosas más valiosas de nuestras vidas vendidas por centavos y los artículos más baratos costando millones.

Los ejemplos son abundantes y contundentes. He aquí unos pocos que he encontrado en la última semana. Un vendedor defendió sus prácticas ilegales diciendo: «No confundamos los negocios con la ética». Unos militares vendieron información de seguridad nacional por seis mil dólares, junto con su integridad. Un miembro de gabinete de una gran nación fue atrapado comerciando ilegalmente con piedras semipreciosas. ¿Su posición en el gabinete? Ministro de Justicia. Un padre confesó haber asesinado a su hija de doce años de edad. ¿La razón? Ella rehusó acostarse con él.

¿Por qué hacemos lo que hacemos? ¿Por qué tomamos lo que es a todo color y lo pintamos de blanco y negro? ¿Por qué son aceptadas las costumbres desacreditadas, mientras que las normas saludables parecen no tener sentido?

¿Qué hace que nosotros demos tanta importancia al cuerpo y degrademos el alma? ¿Qué hace que cuidemos el pie mientras contaminamos el corazón?

Nuestros valores están tergiversados. Alguien ha entrado en la tienda y ha cambiado todas las etiquetas de los precios. Las emociones aumentan en prioridad, pero la importancia de los seres humanos está todo el tiempo en niveles bajos.

Uno tiene que ser un filósofo para descubrir qué causó tal problema en las prioridades humanas. Todo comenzó cuando nos dejamos convencer de que el ser humano sólo vive el momento presente. Que el hombre no tiene sentido. Que nosotros estamos en un ciclo. Que no hay ninguna razón o rima para esta absurda existencia. De algún modo obtuvimos la idea de que carecemos de significado, atrapados en un pantano que no tiene destino. La tierra no es más que un mausoleo giratorio y el universo es algo sin propósito. La creación resultó por casualidad y la humanidad no tiene dirección.

Perfectamente sombrío, ¿verdad?

El segundo enunciado es aun peor. Si el hombre no tiene *destino*, entonces no tiene *deber*, obligación ni responsabilidad. Si el hombre no tiene destino, entonces no tiene una dirección o meta. Si el hombre no tiene destino, entonces ¿quién puede decir qué es lo correcto o qué está equivocado? ¿Quién se atreve a decirle a un esposo que no puede dejar a su esposa y su familia? ¿Quién va a decirle a usted que no puede abortar un feto? ¿Qué hay de malo en desecharlo? ¿Quién dice que no puedo pisotear a otro para llegar a la cima? ¿Está su sistema de valores contra el mío? El mundo proclama que no hay absolutos. Que no hay principios ni ética. No hay normas. La vida está reducida a los fines de semana, a los cheques de pago y a las emociones rápidas. El saldo de todo esto es un desastre.

«El existencialista —escribe Jean Paul Sartre— encuentra extremadamente embarazosa la idea de que Dios no exista, porque al desaparecer él, desaparece toda posibilidad de encontrar valores en un cielo inteligible... todo es en verdad permitido si Dios no existe, y el hombre está, en consecuencia, abandonado, porque no puede encontrar nada en qué depender ni dentro ni fuera de sí mismo».[1]

Si el hombre no tiene deber ni destino, el resultado lógico es que no tiene *valor*. Si el hombre no tiene futuro, no vale mucho. Vale, en efecto, tanto como un árbol o una roca. No hay diferencia. No hay razón de estar aquí, por eso no tiene sentido.

Y usted ha visto los resultados de esta filosofía. Nuestro sistema está descompuesto. Lo sentimos inútil y sin valor. Nos amontonamos. Jugamos juegos. Creamos falsos sistemas de valores. Decimos que usted es valioso si es hermoso. Decimos que usted es valioso si puede producir. Decimos que usted es valioso si puede hacer una buena jugada de baloncesto o producir música popular contemporánea pegajosa. Usted es valioso si su nombre comienza con un «Dr.» o tiene un «Ph.D» al final. Usted es valioso si gana un nutrido salario mensual y maneja un carro extranjero.

El valor de una persona es ahora medido bajo dos criterios: apariencia física y éxito financiero.

Hermoso sistema, ¿verdad? ¿Dónde deja a los retardados, a los feos o mal educados? ¿Dónde coloca a los viejos o a los minusválidos? ¿Qué esperanza ofrece al niño que todavía está por nacer? No mucha, después de todo. Llegamos a ser números sin nombre, listas extraviadas.

Ahora, por favor, entienda: este es el sistema de valores del hombre; no el de Dios. Su plan es mucho más brillante. Dios, con ojos relampagueantes, llega hasta el pizarrón del filósofo, borra el interminable y siempre repetitivo círculo de historia y lo reemplaza con una línea; una línea llena de esperanza, prometedora, una línea que se extiende. Y, observando sobre su hombro para ver si la clase está mirando, dibuja una flecha al final.

En el libro de Dios, el hombre es de suma importancia. Tiene un destino sorprendente. Estamos siendo preparados para desfilar por el pasillo central de la fe y llegar a ser la novia de Jesús. Vamos a vivir con Él. A compartir el trono con Él. A reinar con Él. Nosotros contamos. Somos valiosos. Y lo que es más, ¡nuestro valor es edificado desde adentro! Nuestro valor nace en nuestro interior.

Mire, si había algo que Jesús quería que todos entendiéramos era esto: una persona vale algo simplemente porque es una persona. Ese es el porqué Él trató a la gente como lo hizo. Piense acerca de esto. La muchacha sorprendida en inmoralidad a escondidas con quien nunca debía hacerlo, fue perdonada por Él. El leproso intocable que pidió ser tocado, lo fue por Él. Y el caso del ciego que pedía ayuda y que estorbaba en el camino, fue atendido por Él. Y aquel viejo nacido jorobado y paralítico adicto a la autocompasión cerca del estanque de Siloé, también fue curado por Él!

Y no olvide el caso clásico del estudio hecho por Lucas sobre el valor de una persona. El llamado «Cuento del ladrón crucificado».

Si alguna vez había algún hombre sin valor, era éste. Si alguien, alguna vez, mereció morir, probablemente haya sido este hombre. Si alguna vez existiera un perdedor, este tipo encabezaba la lista.

Tal vez esa es la razón por la cual Jesús lo escogió para mostrarnos lo que piensa sobre la raza humana.

Tal vez este criminal había oído hablar al Mesías. Tal vez lo había visto amar a los más humildes. Tal vez lo había visto comer con las prostitutas, los rateros y los malhablados en las calles. O tal vez no. Tal vez la única cosa que sabía sobre este Mesías era lo que ahora vio. Un predicador golpeado, azotado y colgado con unos clavos. Su rostro sucio de sangre seca, sus huesos visibles a través de la carne, sus pulmones procurando respirar.

Por alguna razón le pareció que nunca había estado en mejor compañía. Y de alguna manera se dio cuenta de que sólo le quedaba la opción de una oración, y él había encontrado finalmente a Quien él podía orar.

—¿No es posible que me bendigas? (Traducción libre.)

—Considéralo hecho.

Ahora, ¿por qué hizo Jesús eso? ¿Qué ganaría por prometer a este desesperado un lugar de honor en la mesa del banquete? ¿Qué podría ofrecer este desdichado y miserable en retribución? Si me refiero a la mujer samaritana, lo puedo entender. Ella podría regresar y contar el cuento. Y Zaqueo tenía algún dinero que podía dar, pero ¿y éste tipo? ¿Qué podía hacer? ¡Nada!

Precisamente. Escuche. Escuche atentamente. El amor de Jesús no depende de lo que nosotros hagamos por Él. No, de ninguna manera. Ante los ojos del Rey usted tiene valor simplemente porque usted existe. No tiene que lucir bonito o cumplir bien. Su valor es interno e intrínseco.

Punto.

Piense precisamente sobre esto por espacio de un minuto. Usted es valioso, no por lo que hace o por lo que ha hecho, sino simplemente porque usted es. Recuérdelo. Recuérdelo la próxima vez que alguien procure estorbar su claridad espiritual. Recuérdelo la próxima vez que algún travieso manipulador trate de colgarle el precio de una caneca de basura del sótano en su valor como persona. La próxima vez piense acerca de la manera en que Jesús lo honra... y sonría.

Yo lo hago. Sonrío porque sé que no merezco un amor como ese. Ninguno de nosotros lo merece. Ningún esfuerzo que nosotros hiciéramos sería suficiente. Todos nosotros —por puros que seamos— no merecemos el cielo como tampoco ese ladrón lo merecía. Pero nosotros hacemos valer la "tarjeta de crédito" de Jesús, no la nuestra.

Y esto también me hace sonreír; pensar que hay exconvictos caminado las calles de oro que conocen más acerca de la gracia que miles de teólogos. Esa insólita oración del ladrón en la cruz representaba lo único que tenía, pero fue lo único necesario, y Jesús lo recibió.

¡No se sorprenda de que lo llamen el Salvador!

1. Walter Kaufman. ed., *Existentialism from Dostoyevsky to Sartre*, New York, Meridian Books, 1956, (pp. 294-295).

5

Dejar es amar

«Mujer, he ahí tu hijo».
Juan 19:26

El evangelio está lleno de retóricos desafíos que prueban nuestra fe y chocan contra la naturaleza humana.

«Más bienaventurado es dar que recibir».[1]

«Porque todo el que quiera salvar su vida, la perderá; y todo el que pierda su vida por causa de mí, este la salvará».[2]

«No hay profeta sin honra, sino en su propia tierra y en su casa».[3] Pero ninguna afirmación es tan abrumadora o que cause miedo como aquella de Mateo 19:29. «Y cualquiera que haya dejado casas, o hermanos, o hermanas, o padre, o madre, o mujer, o hijos, o tierras, por mi nombre, recibirá cien veces más, y heredará la vida eterna».

La parte acerca de dejar tierras y campos, yo la puedo entender. Es la otra parte la que me causa confusión. Es la parte acerca de dejar padre y madre, decir adiós a hermanos y hermanas, provocar un beso de despedida en un hijo o hija. Es fácil relacionar el seguir a Cristo con la pobreza o la deshonra pública, pero ¿dejar mi familia? ¿Por qué tengo que dejar a aquellos que amo?

«Mujer, he ahí a tu hijo».

María es más vieja ahora. El pelo en sus sienes es gris. Las arrugas han reemplazado su joven piel y sus manos están callosas. Ella ha levantado una casa llena de niños. Y ahora contempla, resignada, la crucifixión de su primogénito.

Uno se pregunta qué memorias ella tiene en su mente mientras contempla esa tortura. El largo viaje hacia Belén, tal vez. Una cuna de niño acolchada con heno en un pesebre. Recuerda su familia fugitiva en Egipto. El hogar en Nazaret. Pánico en Jerusalén. «¡Pensé que él estaba contigo!» Lecciones de carpintería. Alegría en la mesa del hogar.

Y entonces en la mañana Jesús viene de la tienda, temprano, sus ojos más firmes, su voz más directa. Él había oído las noticias. «Juan está predicando en el desierto». Su hijo se quita su bolsa de clavos, desempolva sus manos, y con una última mirada dice adiós a su madre. Los dos sabían que nunca sería igual otra vez. En esa última mirada compartieron un secreto, lo inmensamente grande y doloroso que era decirlo en voz alta. María aprendió ese día el dolor de corazón que viene de decir «adiós». De allí en adelante ella iba a amar a su hijo a la distancia; en el extremo de una multitud, afuera de una casa llena de gente, o en la orilla del mar. Tal vez ella estaba allí, presente cuando la enigmática promesa fue hecha: «Cualquiera que haya dejado... madre... por causa de mí».

María no era la primera en ser llamada a decir adiós a los seres queridos por causa del reino. José fue llamado para ser un huérfano en Egipto. Jonás fue llamado para ser un extranjero en Nínive. Ana envió a su primer hijo a servir en el templo. Daniel fue enviado desde Jerusalén a Babilonia. Nehemías fue enviado de Susa a Jerusalén. Abraham fue enviado a sacrificar a su único hijo. Pablo tuvo que decir adiós a su herencia. La Biblia relaciona la huella de los adioses y las lágrimas de los adioses que manchan sus páginas.

En verdad parece que *adiós* es una palabra demasiado recurrente en el vocabulario cristiano. Los misioneros la conocen bien. Aquéllos que los envían también. El doctor que deja su consultorio de la ciudad para trabajar en el hospital de la selva la ha dicho. Igualmente el traductor de la Biblia que vive muy lejos del hogar. Aquellos que alimentan al hambriento. Los que enseñan a los perdidos. Los que ayudan a los pobres. Todos conocen la palabra «adiós».

Aeropuertos. Equipaje. Abrazos. Luces de cola. «¡Hazle señas a la abuela!» Lágrimas. Terminales de buses. Equipajes de barco. «Adiós, Papito». Gargantas apretadas. Controladores de boletos. Ojos empañados. «¡Escríbeme!»

Pregunta: ¿Qué clase de Dios pondría a la gente a pasar tal agonía? ¿Qué clase de Dios le daría a usted una familia y luego le pediría que la dejara? ¿Qué clase de Dios le daría amigos y luego le pediría que les dijera adiós?

Respuesta: Un Dios que sabe que el amor más profundo se edifica no en la pasión ni en el romance sino en la misión común y en el sacrificio.

Respuesta: Un Dios que sabe que somos solamente peregrinos y que la eternidad está tan cerca y que sabe que cualquier «adiós» es en verdad un «hasta mañana».

Respuesta: Un Dios que Él mismo pasó por la experiencia de dicir «adiós».

«Mujer, he aquí tu hijo».

Juan puso su brazo alrededor de María un poco más apretadamente. Jesús le estaba pidiendo ser el hijo que una madre necesita y que en muchas maneras Él nunca fue.

Jesús miró a María. El dolor de su rostro provenía de uno mucho más grande que ese de los clavos y las espinas. En sus silenciosas miradas ellos una vez más compartieron un secreto. Y Él dijo adiós.

1. Hechos 20:35
2. Lucas 9:24
3. Mateo 13:57

6

El grito de la soledad

«¿Dios mío, Dios mío,
por qué me has abandonado?».
Mateo 27:46

Para aquellos de nosotros que lo soportamos, el verano de 1980 en Miami no era nada para sonreír. El calor de la Florida abrazaba la ciudad durante el día y la horneaba durante la noche. Motines, saqueos y la tensión racial amenazaban con desbordar las ya rebosantes emociones de la gente. Todo atormentaba: desempleo, inflación, la tasa de criminalidad, y especialmente el termómetro. En alguna parte, en medio de todo esto, un reportero del Miami Herald captó una historia que dejó a toda la costa de oro sin respiración. Era la historia de Judith Buckmell. Atractiva, joven, triunfadora ... y muerta.

Judith Buckmell era el homicidio número 160 de ese año. Ella fue asesinada en la calurosa noche del 9 de junio. Edad: 38. Peso: 50 kilos. Apuñalada siete veces. Estrangulada.

Ella guardaba un diario. Si ella no hubiera guardado ese diario, tal vez su memoria hubiera sido enterrada con su cuerpo. Pero el diario existe; un epitafio doloroso para una vida solitaria. El corresponsal que tomó su caso hizo este comentario sobre sus escritos:

> «En sus diarios, Judith creó un personaje y una voz. El personaje es ella misma, melancólica, luchadora, abrumada; la voz es anhelante. Judith Buckmell has fallado en la realidad. Edad 38, muchos amantes, mucho amor ofrecido, ninguno retribuido».[1]

Sus luchas no eran inusuales. Se preocupaba de envejecer, de engordar, de casarse, de quedarse embarazada, y de ir pasando. Ella vivió en Coconut Grove (Coconut Grove es donde usted vive si es solitario, pero actúa como si fuera feliz).

Judith fue el parangón del ser humano confundido. La mitad de su vida era fantasía, la otra mitad una pesadilla. Exitosa como secretaria, perdedora en el amor. Su diario estaba repleto con cosas tales como las siguientes:

> «¿Dónde están los hombres con las flores, la champaña y la música? ¿Dónde están los hombres que llaman y piden una cita verdadera y genuina? ¿Dónde están los hombres que quisieran compartir algo más que mi cama, mis bebidas, mi comida...? Me gustaría tener en mi vida, antes de pasar por ella, la clase de relación sexual que es parte de una relación de amor.[2]

Ella nunca la tuvo.

Judith no era una prostituta. Ella no estuvo involucrada en drogas o recibiendo asistencia social. Nunca fue a la cárcel ni fue una resentida social. Era respetable. Trotaba por los parques. Daba fiestas. Usaba vestidos de diseñador y tenía un apartamento desde el cual se admiraba la bahía. Y ella estaba muy solitaria.

> «Veo a la gente junta y estoy tan celosa que quiero tirarme encima. ¿Qué me pasa? ¿Qué pasa conmigo?»

Aunque rodeada de gente, ella estaba en una isla. Aunque ella tenía muchas amistades, tuvo pocos amigos. Aunque tuvo muchos amantes (cincuenta y nueve en cincuenta y seis meses), ella tuvo poco amor.

> «¿Quién va a amar a Judith Buckmell? —continúa el diario—. Me siento tan vieja. Sin amor. Sin nadie que me quiera. Abandonada. Usada. Quiero llorar y dormir para siempre».[3]

Un claro mensaje venía de sus dolorosas palabras. Aunque su cuerpo murió aquel 9 de junio por las heridas de un cuchillo, su corazón había muerto hacía mucho tiempo antes... de soledad.

> «Estoy sola —describió— y quiero compartir algo con alguien».[4]

Soledad.

Es un grito. Un lamento, un gemido; es un alarido cuyo origen está en el fondo de nuestras almas.

¿Puede oírlo? El niño abandonado. El divorciado. El hogar silencioso. El buzón vacío. Los días largos. Las noches más largas. El que se queda solo una noche. Un cumpleaños olvidado. Un teléfono silencioso.

Gritos de soledad. Escuche nuevamente. Silencien el tráfico y apaguen el televisor. El grito está allí. Nuestras ciudades están llenas de Judith Buckmell. Usted puede oír sus gritos. Usted puede oírlos en el hogar de los convalecientes entre los suspiros y los torpes pies. Usted puede oírlos en las prisiones entre los lamentos de vergüenza y las peticiones de misericordia. Usted puede oírlos si camina por las arregladas calles de una América suburbana, entre las ambiciones abortadas y las reinas envejecientes que vuelven a casa. Escúchenlo en los vestíbulos de nuestras escuelas y colegios donde la fuerza de la presión se cambian las expresiones de «no tienes que hacerlo» por las de «tienes que hacerlo».

Este lamento en clave menor conoce todos los espectros de la sociedad. Desde el tope hasta el fondo. Desde los fracasados hasta los famosos. Desde los pobres hasta los ricos. Desde los casados hasta los solteros. Judith Buckmell no estaba sola.

Muchos de ustedes han podido pasar por alto este cruel grito. Oh, han tenido nostalgia o se han sentido mal una vez o dos. Pero ¿desesperación? Lejos de eso. ¿Suicidio? Por supuesto que no. Sea agradecido de que esto no ha golpeado su puerta. Ore que nunca suceda. Si todavía no ha peleado esta batalla usted es bienvenido para continuar leyendo si lo desea, pero yo realmente estoy escribiendo para alguien más.

Estoy escribiendo para aquellos que conocen este grito de primera mano. Estoy escribiendo para aquellos de ustedes cuyos días están ya en las últimas páginas del libro de los corazones rotos y noches largas. Lo estoy haciendo para aquellos que pueden encontrar una persona solitaria simplemente mirándose en el espejo. Para quienes la soledad es un estilo de vida. Las noches sin sueño. La cama solitaria. La desconfianza. El temor del mañana. La herida interminable.

¿Cuándo comenzó esto? ¿En su infancia? ¿En el divorcio? ¿En el retiro? ¿En el cementerio? ¿Cuando los hijos se fueron de la casa? Tal vez usted, como Judith Buckmell, ha engañado a todos. Nadie sabe que usted está solo. Por afuera se ve perfectamente. Su sonrisa es rápida. Su trabajo es estable. Sus vestidos son bien cortados. Su cintura es delgada. Su calendario está lleno. Su caminar enérgico y su conversación impresionante. Pero cuando usted mira en el espejo, usted no engaña a nadie. Cuando usted está solo la doble cara no existe y la realidad aflora.

O tal vez usted no trata de esconderlo y todos lo saben. Su conversación es un poco torpe, su compañerismo es rara vez solicitado. Sus vestidos son insulsos. Su apariencia es común. El Pato Donald es su héroe y Mark Twain su mentor. ¿Estoy en lo cierto? Si es así, si usted ha asentido o suspirado en señal de entendimiento, tengo un importante mensaje para usted.

El más desgarrador y escalofriante grito de soledad de la historia vino no de un prisionero o una viuda o un paciente. Vino de una colina, de una cruz, de un Mesías.

«¡Dios mío, Dios mío! —gritó— ¿por qué me has desamparado?»[5]

Nunca las palabras han llevado tanto dolor. Nunca alguien se ha sentido tan solitario.

La multitud se aquieta mientras el sacerdote recibe el cabrito; el puro, sin mancha. En solemne ceremonia él coloca sus manos sobre el joven animal. Mientras el pueblo observa, el sacerdote hace su proclamación. «Los pecados del pueblo sean sobre ti". El inocente animal recibe los pecados de los israelitas. Toda la lujuria, el adulterio y el engaño son transferidos de los pecadores a este cabrito, a este chivo expiatorio.

Él es entonces llevado a la orilla del bosque y soltado allí. Luego desaparece. El pecado debe ser purgado, por lo tanto el cabrito expiatorio es abandonado. «¡Corre, cabrito! ¡Corre!»

El pueblo es aliviado.

Jehová es apaciguado.

El que lleva el pecado está solo.[6]

Y ahora el que lleva el pecado está nuevamente solo. Toda mentira todo hurto, toda promesa quebrantada están sobre sus hombros. Él es hecho pecado.

Dios se voltea y se aleja. «¡Corre, cabrito! ¡Corre!»

La desesperación es más oscura que el cielo. Los que han sido uno, ahora son dos. Jesús, que había estado con Dios por la eternidad, está ahora solo. El Cristo, que fue una expresión de Dios, está abandonado. La Trinidad está desmantelada. El Dios Padre está desunido. La unidad está disuelta.

Esto es más de lo que Jesús puede llevar. Él soportó los golpes y permaneció fuerte ante los juicios de burla que le hacían. Observó en silencio cómo todos los que lo amaron corrieron lejos. No se desquitó cuando los insultos fueron lanzados contra Él, ni gritó cuando los clavos perforaron sus manos. Pero cuando Dios volteó su cabeza, eso era más de lo que podía soportar.

«¡Dios mío!» El grito sale de labios partidos e hinchados. El corazón santo está roto. El que lleva el pecado grita a medida que entra en la eterna tierra vacía. Del silencioso cielo vienen las palabras gritadas por todos los que caminan en el desierto de la soledad: «¿Por qué? ¿Por qué me has abandonado?»

No puedo entenderlo. Honestamente no puedo. ¿Por qué Jesús lo hizo? Oh, lo sé, lo sé; he oído las respuestas oficiales. «Para cumplir la vieja ley». «Para cumplir la profecía». Y estas respuestas son correctas. Lo son. Pero hay algo más aquí. Algo muy apasionante. Algo que es un lamento. Algo personal.

¿Qué es?

Puedo estar equivocado, pero me mantengo pensando en aquel diario. «Me siento abandonada —escribió ella. —¿Quien va a amar a Judith Buckmell? Y me mantengo pensando en los padres del niño muerto. O del amigo en la otra cama del hospital. O del anciano en el hogar de ancianos. O de los huérfanos. O de los cancerosos.

Me mantengo pensando en toda la gente que abre desesperadamente sus ojos buscando en las tinieblas de los cielos y gritando: «¿Por qué?»

Y me lo imagino a Él. Me lo imagino escuchando. Me hago un cuadro de sus ojos empañándose y de una mano limpiándose una lágrima. Y aunque Él no ofrece ninguna respuesta, aunque no resuelve ningún dilema, aunque la pregunta pueda quedar congelada dolorosamente en medio del aire, Él, quien también estuvo una vez solo, entiende.

1. Madeleine Blais, "Who's Going to Love Judy Bucknell? (Parte 1), Tropic Magazine, *The Miami Herald 12 de octubre de 1980.*
2. Ibid.
3. Ibid
4. Ibid
5. Mateo 27:46 Buenas Nuevas
6. Levítico 16:22 (Paráfrasis del autor)

7

Tengo sed

> *Después de esto, sabiendo Jesús
> que todo ya estaba consumado, dijo,
> para que la Escritura se cumpliese.
> «Tengo sed».*
> Juan 19:28

I.

«Estoy cansado», suspiró. Así que se detuvo. «Anda tú adelante y consigue la comida. Yo descansaré aquí». Él estaba cansado. Los huesos se hacían sentir. Sus pies estaban inflamados, hinchados y heridos. Su cara estaba caliente. El sol del mediodía era calcinante. Él quería descansar. Por lo tanto se detuvo en el pozo, despidió a sus discípulos, se estiró un poco y se sentó. Pero antes de que pudiera cerrar sus ojos, he aquí que vino una mujer samaritana. Estaba sola. Tal vez eran las bolsas debajo de sus ojos o la manera en que ella se detuvo lo que hizo que Él se olvidara de cuán agotado estaba. «Cuán extraño que ella estuviera aquí al mediodía».

II.

«Tengo sueño. Estiró los brazos. Bostezó. Había sido un largo día. La multitud había sido grande; tan grande que predicando en la playa había probado que era una ocupación muy dura, así que había enseñado desde el borde de un barco de pesca. Y ahora la noche había caído, y Jesús tenía sueño. «Si a ustedes no les importa, muchachos, voy a dormir un poco». Y así lo hizo. En una noche cubierta de nubes en el mar de Galilea, Dios se fue a dormir. Alguien le alcanzó una almohada y Él se fue al punto más seco del barco y se acostó a dormir. Tan profundo era su sueño que el trueno no lo despertó. Ni lo hizo el bamboleo del bote. Ni lo hizo el salpicar salado de las olas sacudidas por la tormenta. Solamente los gritos ahogados de algunos discípulos podían penetrar en su sueño.

III.

«Estoy enojado». Él no tuvo que decirlo; usted podía verlo en sus ojos. La cara roja. Las venas hinchadas. «¡Yo no voy a tolerar esto nunca más!» Y lo que era un templo se convirtió en una desigual pelea de taberna. Lo que hasta ahí había sido un día normal en el mercado llegó a ser un tumulto de un hombre. Y lo que era una sonrisa en el rostro del Hijo de Dios llegó a ser un gesto de disgusto. «¡Fuera de aquí!» La única cosa que voló más alto que las mesas fueron los pichones buscando su camino hacia la libertad. Un enojado Mesías dejó en claro su punto: «¡No continúen haciendo dinero de la religión, o Dios hará piel de vaca de ustedes!»

Estamos endeudados con Mateo, Marcos, Lucas y Juan por incluir estos rasgos de humanidad. Ellos no tenían que hacerlo, ustedes saben. Pero lo hicieron —y en el tiempo preciso.

Así como su divinidad es irreprochable, su santidad intocable y cuando su perfección llega a ser inimitable, suena el teléfono y una voz murmura: «Él era humano... no lo olviden... Él tenía carne».

Justamente en el preciso momento se nos recuerda que Aquél al cual oramos conoce nuestros sentimientos. Conoce la tentación. Se ha sentido desanimado. Ha tenido hambre, sueño y cansancio. Sabe lo que nosotros sentimos cuando suena el reloj de alarma. Sabe lo que nosotros sentimos y cómo nos sentimos cuando nuestros hijos quieren diferentes cosas al mismo tiempo. Él asiente con su cabeza en señal de entendimiento cuando oramos enojados. Él se conmueve cuando decimos que hay más que hacer que lo que puede ser hecho. Sonríe comprensiblemente cuando confesamos nuestra fatiga.

Pero estamos más endeudados con Juan por incluir el versículo 28 del capítulo 19. Dice, simplemente: «Tengo sed». Ese no es el Cristo. Ese es el sediento. Es el carpintero. Y esas son palabras de humanidad en medio de la divinidad.

Esta frase nos da el bosquejo preparado de nuestro sermón. Las otras seis afirmaciones son más de «carácter». Son gritos que nosotros esperaríamos: perdonar a los pecadores, prometer el paraíso, cuidar a su madre, aun el grito «Dios mío, Dios mío, ¿por qué me has abandonado?» es uno de poder. Pero, «¿tengo sed?

Justamente cuando teníamos ya todo figurado. Precisamente cuando la cruz estaba toda empacada y definida. Cuando el manuscrito estaba finalizado. Cuando habíamos inventado todas aquellas bonitas palabras terminadas en «ción» —santificación, justificación, propiciación y purificación. Justamente cuando pusimos nuestra gran cruz dorada en la cadena de oro, Él nos recuerda que el verbo se hizo carne.

Él quiere que nosotros recordemos que también era humano. Y quiere que nosotros conozcamos que también conocía la fatiga que viene con los días largos. Él quiere que nosotros recordemos que nuestra chaqueta de trabajo no usa chalecos a prueba de balas o guantes de caucho o un impenetrable traje de armadura. No; fue el pionero de nuestra salvación, a través del mundo que usted y yo encaramos diariamente.

Él es el Rey de reyes, el Señor de señores y la Palabra de Vida. Más que nunca Él es la estrella de la mañana, el cuerno de la salvación, y el Príncipe de paz.

Pero hay algunas horas cuando somos restaurados recordando que Dios se hizo carne y habitó entre nosotros. Nuestro Maestro sabía que esto significaba ser un carpintero crucificado que tuvo sed.

8

Compasión creativa

«Consumado es».
Juan 19:30

E n el principio Dios creó los cielos y la tierra».[1]
Eso es lo que dice. «Dios creó los cielos y la tierra». No dice:
«Dios hizo los cielos y la tierra». Ni dice que Él «copió», «construyó», «desarrolló» o «produjo en masa» los cielos y la tierra. No, la palabra es «creó».

Y esa sola palabra dice mucho. Crear es algo muy diferente que construir. La diferencia es precisamente obvia. Construir algo compromete solamente las manos. Mientras que crear algo compromete el corazón y el alma.

Usted ha notado probablemente esto en su propia vida. Piense en algo que usted ha creado. Una pintura tal vez. O una canción. Esas líneas de poesía que usted nunca mostró a nadie. O aun la casa del perro en el patio trasero.

¿Cómo se siente acerca de esa creación? ¿Bien? Ojalá. ¿Orgulloso? ¿Inclusive protector? Debería. Una parte de usted vive en ese proyecto. Cuando usted crea algo, está poniéndose a usted mismo en ello. ¡Es mucho más grande que una asignación o tarea ordinaria; es una expresión suya!

47

Ahora, imagine la creatividad de Dios. De todo lo que nosotros no sabemos acerca de la Creación, hay una cosa que nosotros sí sabemos: Él lo hizo con una sonrisa. Él debe haber tenido una especie de estallido creativo. Pintar las rayas en la cebra, colgar las estrellas en el cielo. Poner el oro en la caída del sol. ¡Qué creatividad! Estirar el cuello de la jirafa. Poner la trepidación en las alas del pájaro burlón. Poner la risa en la hiena.

Qué tiempo tuvo Él. Como un carpintero silbador en su taller, amó cada parte de esto. Se puso a sí mismo en el trabajo. Tan intensa fue su creatividad que se tomó un día libre al final de la semana sólo para descansar.

Y luego, como final de un brillante acto, hizo al hombre. Con su típica sagacidad creativa comenzó con un montón de polvo sin ninguna utilidad, y terminó con una invalorable especie llamada «ser humano». Un ser humano que tuvo el único honor de usar el sello «a su imagen».

En este punto de la historia uno estaría tentado de saltar y aplaudir. «¡Bravo!» «¡Otra vez!» «¡Inigualable!» ¡Hermoso!» Pero el aplauso sería prematuro. El artista divino tiene todavía que quitar el velo a su más grande creación.

A medida que la historia se desarrolla, el demonio en forma de serpiente alimenta al hombre con una directiva y una manzana, y el glotón de Adán engulle ambas. Este único acto de rebelión pone en movimiento un dramático y errático cortejo entre Dios y el hombre. Aunque los personajes y las escenas cambian, el escenario se repite interminablemente. Dios, todavía el Creador apasionado, favorece a su creación. El hombre, la creación, alternativamente llega en arrepentimiento y corre en rebelión.

Es dentro de este simple escrito que la creatividad de Dios florece. Si usted pensó que Él era imaginativo con el mar y con las estrellas, ¡sólo espérese hasta ver lo que hace para conseguir que su creación lo escuche!

Por ejemplo:

Una mujer de noventa años queda embarazada.

Una mujer se convierte en sal.

Una inundación cubre la tierra.

Un arbusto arde ¡pero no se quema!

El Mar Rojo se abre en dos.

Las murallas de Jericó caen.
Desde el cielo llueve fuego.
Un asno habla.

¡Diga algo acerca de estos actos especiales!

Pero a pesar de ser tan ingeniosos, todavía no se pueden comparar con lo que está por venir.

Llegando al clímax de la historia, Dios, motivado por el amor, y dirigido por la divinidad, sorprende a todos. Se hace hombre. En un misterio intocable, se disfraza como un carpintero y vive en una polvorienta aldea de Judá. Determinado a probar su amor por su creación, camina de incógnito en su propio mundo. Las manos encallecidas tocan heridas, y sus palabras compasivas tocan corazones. Él llega a ser uno de nosotros.

¿Ha visto alguna vez tal determinación? ¿Ha sido alguna vez testigo de tal deseo de comunicarse? Si una cosa no funciona, Él trataría otra. Si un acercamiento fallara, Él trataría uno nuevo. Su mente nunca se detuvo. «Dios, habiendo hablado muchas veces y de muchas maneras —escribe el autor de Hebreos—, en estos postreros días nos ha hablado por el Hijo».

Pero, hermoso como fue este acto de encarnación en su comienzo, no lo fue así en el cenit. Como un pintor maestro, Dios reservó su obra de arte hasta el fin. Todos los anteriores actos de amor lo habían conducido a éste. Los ángeles se detuvieron y los cielos hicieron una pausa para contemplar el final. Dios corre el lienzo y el último acto de compasión creativa es revelado.

Dios en una cruz.

El Creador siendo sacrificado por la Creación.

Dios convenciendo al hombre una vez y por todas de que el perdón todavía sigue al fracaso.

Yo me pregunto si mientras estaba en la cruz el Creador permitió que sus pensamientos volvieran al principio. Uno se pregunta si Él permitió que miríadas de rostros y de actos desfilaran por su memoria. ¿Hizo Él reminiscencias de la creación del cielo y del mar? ¿Revivió Él las conversaciones con Abraham y Moisés? ¿Recordó Él las plagas y las promesas, el desierto y los viajes? No sabemos.

Sabemos, sin embargo, lo que dijo: «Consumado es».

La misión estaba terminada. Todo lo que el pintor maestro necesitaba hacer ya estaba hecho, y todo estaba hecho en esplendor. Su creación podía ahora venir a casa.

«¡Consumado es!», gritó.

El gran Creador fue a casa.

Él no está descansando. Sus incansables manos están preparando una ciudad tan gloriosa que aun lo ángeles disputarán entre sí para verla. Considerando lo que Él ha hecho, esa es una creación que yo pienso ver.

1.   Génesis 1:1, itálicas del autor
2.   Hebreos 1:1-2, itálicas del autor

9

Consumado es

«*Consumado es*».
Juan 19:30

Hace varios años, Paul Simon y Art Garfunkel nos encantaron a todos con la canción de un pobre muchacho que fue a Nueva York en busca de su sueño, y cayó víctima de la vida dura de la ciudad. Sin un centavo, con sólo extraños como amigos, «pasó sus días tirado, buscando los lugares donde se reunían los más pobres, buscando los lugares que sólo ellos conocían».[1]

Es fácil pintar un cuadro de este joven ladronzuelo, cara sucia y vestidos usados, buscando trabajo sin encontrar ninguno. Él camina trabajosamente por las aceras y se bate con el frío, y sueña con ir a cualquier lugar, «adonde los inviernos de Nueva York no me hagan sangrar, al dirigirme a casa».

Él acaricia el pensamiento de desistir, de regresar a su tierra. De darse por vencido; algo que nunca antes pensó hacer.

Pero justamente cuando él está dispuesto a «tirar la toalla», encuentra a un boxeador. ¿Recuerda estas palabras?

> En el "ring" está el boxeador y peleador espontáneo. Lleva el recuerdo del viento que lo tiró al suelo o que lo cortó hasta que tuvo que gritar en su ira y vergüenza: «¡Me voy! ¡Me voy!» Pero el peleador aún permanece.[2]

51

«El peleador todavía permanece». Hay algo magnético en esa frase. Suena a franqueza.

Raros son aquellos que pueden permanecer como el boxeador. No necesariamente quiero decir ganar, sólo quiero decir permanecer. Estar allí. Fin. Pegarse a eso hasta que sea hecho. Pero desgraciadamente, muy pocos de nosotros lo hacemos. Nuestra tendencia es detenernos antes de cruzar la línea final.

Nuestra incapacidad de terminar lo que comenzamos es vista en las cosas más pequeñas:

Un césped parcialmente cortado.

Un libro a medio leer.

Cartas comenzadas pero nunca terminadas.

Una dieta abandonada.

Un auto subido sobre bloques.

O se muestra en las áreas más dolorosas de la vida:

Un niño abandonado.

Una fe fría.

Un trabajo inestable.

Un matrimonio destruido.

Un mundo no evangelizado.

¿Estoy tocando algunas heridas dolorosas? ¿De cualquier manera me estoy dirigiendo a alguien que está considerando darse por vencido? Si lo estoy haciendo así, quiero animarle a permanecer, quiero animarle a recordar la determinación de Jesús.

Jesús no desistió. Pero no piense ni por un minuto que Él no fue tentado a hacerlo. Mírelo retroceder cuando oye a sus apóstoles maldecir y reñir. Mírelo llorar cuando se sienta en la tumba de Lázaro u óigalo gemir mientras se postra en el suelo de Getsemaní.

¿Nunca quiso Él desistir? Usted gana.

Por eso es que sus palabras son tan espléndidas.

«Consumado es».

Deténgase y escuche. ¿Puede usted imaginar ese grito desde la cruz? El cielo está oscuro. Las otras dos víctimas están lamentándose. Las bocas blasfemas están calladas. Tal vez hay truenos. Tal vez llanto. Tal vez silencio... Entonces Jesús exclama. En un profundo suspiro empuja sus pies hacia abajo sobre ese clavo romano y grita:

«¡Consumado es!»

¿Qué fue consumado? La larga historia del plan de redención del hombre estaba terminada. El mensaje de Dios al hombre estaba concluido. Las obras hechas por Jesús como hombre en la tierra estaban ahora terminadas. La tarea de seleccionar y entrenar embajadores estaba finalizada. El trabajo estaba terminado. La canción había sido cantada. La sangre había sido derramada. El sacrificio había sido hecho. El aguijón de la muerte había sido quitado.

Estaba concluido.

¿Un grito de derrota? Difícilmente. Si sus manos no hubieran estado amarradas a la cruz, me atrevería a decir que un puño elevado y triunfante hubiera golpeado el oscuro cielo. No; este no es un grito de desesperación. Es un grito de finalización. Un grito de victoria. Un grito de cumplimiento. Sí, inclusive un grito de alivio.

El peleador permaneció. Y gracias a Dios que lo hizo. Gracias a Dios que soportó.

¿Está usted a punto de desistir? Por favor, no lo haga. ¿Está usted desanimado como padre? permanezca allí. ¿Está usted fatigado de hacer lo bueno? Hágalo un poco más. ¿Está usted pesimista acerca de su trabajo? Arremánguese y hágalo otra vez. ¿No hay comunicación en su matrimonio? déle un toque más. ¿No puede resistir la tentación? Acepte el perdón de Dios y diríjase a otro «round». ¿Está su día abrumado con pesar y desilusión? ¿Están sus «mañanas» convirtiéndose en «nuncas» ¿Es «esperanza» una palabra olvidada?

Recuerde, el que termina no es el que no tiene heridas o el que no está fatigado. Todo lo contrario; como el boxeador, está maltratado y sangrante. A la madre Teresa se le acredita el decir: «Dios no nos llamó para ser exitosos, sino para ser fervorosos». El peleador, como nuestro Maestro, está herido y lleno de dolor. Como Pablo, puede aun ser atado y golpeado, pero permanece.

La tierra de la promesa, dice Jesús, espera a aquellos que soportan. Esta no es solamente para aquellos que dan la vuelta de la victoria o beben champaña. No, señor. La tierra de la promesa es para aquellos que simplemente permanecen hasta el fin.

Soportemos.

Escuche a este coro de versos diseñado para darnos el poder que permanece:

«Hermanos míos, tened por sumo gozo cuando os halléis en diversas pruebas, sabiendo que la prueba de vuestra fe produce paciencia.[4]

«Por lo cual, levantad las manos caídas y las rodillas paralizadas; y haced sendas derechas para vuestros pies, para que lo cojo no se salga del camino sino que sea sanado.»[5]

«No nos cansemos, pues, de hacer bien, porque a su tiempo segaremos si no desmayamos».[6]

«He peleado la buena batalla, he acabado la carrera, he guardado la fe. Por lo demás, me está guardada la corona de justicia, la cual me dará el Señor, como es justo, en aquel día, y no es sólo a mí, sino a todos los que aman su venida».[7]

Bienaventurado el varón que soporta la tentación; porque cuando haya resistido la prueba, recibirá la corona de vida que Dios ha prometido a los que le aman».[8]

Gracias a ti, Paul Simon. Gracias a ti, apóstol Pablo. Gracias a ti, apóstol Santiago. Pero más que todo, gracias a ti, Señor Jesús, por enseñarnos a permanecer, a soportar, y en el fin, a terminar.

1. «The Boxer» por Paul Simon (©) 1968
2. Ibid
3. Mateo 10:12
4. Santiago 1:2-3
5. Hebreos 12:12-13 RSV
6. Gálatas 6:9
7. 2 Timoteo 4:7-9
8. Santiago 1:12

10

Llévame a casa

*«Padre, en tus manos
encomiendo mi espíritu».*
Lucas 23:46

Si fuera una guerra —éste sería el resultado.
Si fuera una sinfonía —éste sería el· instante entre
    la nota final y el primer aplauso.
Si fuera un viaje —ésta sería la vista del hogar.
Si fuera una tormenta este sería el sol rompiendo
    las nubes.
Pero no fue esto. Fue un Mesías. Y este fue un suspiro
    de sumo gozo.

«¡Padre!» (La voz está enronquecida).
La voz que llamó a los muertos para resucitarlos.
la voz que enseñó la buena voluntad,
la voz que clamó a Dios, ahora dice:
    «¡Padre!»
    «Padre».

Los dos son nuevamente uno.
El abandonado es ahora encontrado.
El abismo tiene ahora un puente.

«Padre». Sonríe débilmente. «Consumado es».
Los buitres de Satanás han sido espantados.
Los demonios del infierno han sido encarcelados.
La muerte ha sido vencida.
El sol ha salido,
el Hijo ha salido.

Está terminado.
Un ángel suspira. Una estrella se seca una lágrima.

«Llévame a casa».
Sí, llévalo a casa.
Lleva a este príncipe a su reino.
Lleva a este hijo a su padre.
Lleva a este peregrino a su hogar.
(Merece un descanso).

«Llévame a casa».
¡Vengan diez mil ángeles! ¡Vengan y lleven
    ¡a este herido trovador a la cuna,
    a los brazos de su padre!

A Dios, pesebre de niño.
Bendito Santo Embajador.
Ven a casa, Vencedor de la Muerte.
Descansa bien, Dulce Soldado.
La batalla ha terminado.

La cruz:
Sus testigos

11

¡Quién hubiera creído!

Es viernes por la mañana. La noticia está corriendo por las calles de Jesuralén como el fuego en un bosque seco. «¡Están ejecutando al Nazareno!» Desde el pórtico de Salomón hasta la puerta de oro la gente pasa la voz. «¿Han oído? ¡Han agarrado al Galileo!» «Yo sabía que Él no iría demasiado lejos». «¿Lo han apresado? ¡No lo creo!» «Dicen que uno de sus hombres lo ha entregado».

> Nicodemo está a punto de desertar de su grupo.
> Las tumbas van a abrirse con un ruido seco.
> Un terremoto sacudirá la ciudad.
> Las cortinas del templo serán rasgadas en dos.
> Sacudimiento, aturdimiento, confusión.

Unos pocos lloran. Unos pocos sonríen. Unos pocos suben a la colina para observar el espectáculo. Unos pocos están irritados porque la santidad de la pascua está siendo violada por un puñado de activistas sociales. Algunos se preguntan en voz alta si éste era el mismo hombre que fue festejado solamente hacía unos pocos días sobre una alfombra de hojas de palma. «¡Cuánto puede suceder en siete días!», comentan.

Es mucho lo que puede suceder en sólo un día.

Sólo pregúntele a María. ¿Quién podría haber convencido ayer a esta madre que el día de hoy se encontraría a unos pocos metros del rasgado cuerpo de su hijo? ¿Quién podría haber convencido a Juan el jueves que estaba sólo a veinticuatro horas de ungir el cadáver de su héroe? ¿Y a Pilato? ¿Quién podría haberlo convencido de que estaba cerca de pasar el juicio del Hijo de Dios?

Es mucho lo que puede suceder en veinticuatro horas.

Pedro puede decirles. Si usted le hubiera dicho ayer a este orgulloso y devoto discípulo que esta mañana lo encontraría en el pozo de la culpa y de la vergüenza, él le habría proclamado su lealtad. Los otros diez apóstoles pueden contarles. Para ellos esas mismas veinticuatro horas les trajeron tanta ostentación como traición. Y Judas... ¡Oh, digno de lástima Judas! Ayer él era determinado y desafiante. Esta mañana está muerto, ahorcado con su propio cinturón. Su cuerpo balanceante eclipsa el sol de la mañana. Nadie ha quedado indemne. Nadie.

La inmensidad de la ejecución del Nazareno hace imposible olvidar. ¿Ven a las mujeres discutiendo en la esquina? Se dice que el sujeto es el Nazareno. ¿Aquellas dos mujeres en el mercado? Están dando su opinión sobre el autoproclamado Mesías. ¿Los incontables peregrinos que entran a Jerusalén para la pascua? Ellos regresarán a casa con una historia del «Maestro que se levantó de los muertos». Cada uno tendrá su opinión. Cada uno está escogiendo un lado. Ustedes no pueden ser neutrales en un asunto como éste. ¿Apatía? No esta vez. Es un lado o el otro. Todos tienen que escoger.

Y escogieron.

Por cada solapado Caifás había un atrevido Nicodemo. Por cada cínico Herodes había un cuestionado Pilato. Por cada ladrón bocón había alguien buscando la verdad. Por cada renegado Judas había un fiel Juan.

Había algo sobre la crucifixión que hacía que cada testigo diera un paso, o hacia ella, o alejándose de ella. Simultáneamente, la crucifixión atraía y repelía.

Y ahora, dos mil años más tarde, es lo mismo. Es la línea divisoria de vertientes de aguas. Es Normandía. Es como la guerra del Golfo. Y usted está, ya sea de un lado o del otro. Se demanda una elección. Podemos hacer lo que queremos con la cruz. Podemos examinar su historia. Podemos estudiar su teología. Podemos reflexionar sobre sus profecías. Sin embargo, la única cosa que no podemos hacer es quedarnos en neutro. Ninguna cerca es permitida. La cruz, en su absurdo esplendor, no permite eso. Eso es un lujo que Dios, en su tremenda misericordia, no permite.

¿De qué lado está usted?

12

Rostros en
la multitud

Dos tipos de personas fueron tocadas por la cruz: aquéllos tocados porque lo escogieron y aquéllos tocados sin querer. Entre los últimos, algunos cuentos intrigantes todavía se narran.

I

Tomen a Malco, por ejemplo. Como sirviente del Sumo Sacerdote, él estaba sólo haciendo su trabajo en el jardín. Sin embargo, esta actividad rutinaria hubiera sido su última si él no hubiera sido rápido para esquivar. Las antorchas dieron suficiente luz para que él pudiera ver el resplandor de la espada, y «¡suash!» Malco se echó hacia atrás lo suficiente para salvar su cuello, aunque no su oreja. Pedro se ganó una reprimenda y Malco se ganó un toque de sanidad, y el evento es historia.

Historia, eso es para todos menos para Malco. Si no hubiera sido por el cuento que contaba la mancha de sangre en su capa, él podía haberse despertado a la mañana siguiente hablando de un sueño loco que había tenido. Algunos creen que Malco fue más tarde contado entre los creyentes en Jerusalén. No sabemos con seguridad. Pero podemos estar seguros de una cosa: Desde esa noche en adelante, dondequiera que Malco oyera a la gente hablar de aquel carpintero que se levantó de los muertos, él ya no se burlaría. No; él se hubiera estirado el lóbulo de su oreja y hubiera sabido que era posible.

II

Sucedió demasiado rápido. Hace un minuto Barrabás estaba en su celda de condenado a muerte, jugando «ta-te-ti» (tres en línea) en las sucias paredes. Al siguiente minuto estaba afuera, tratando de defender sus ojos del brillo del sol.

—Estás libre para irte.

Barrabás se rascó su barba:

—¿Qué?

—Estás libre. Ellos agarraron al Nazareno en tu lugar.

Barrabás ha sido a menudo comparado con la humanidad, y en verdad así es. De muchas maneras él nos representa: Un prisionero que fue liberado porque alguien a quien nunca había visto tomó su lugar. Pero yo creo que Barrabás fue probablemente mucho más inteligente de lo que nosotros somos, en un aspecto.

Hasta donde sabemos, él tomó su repentina libertad como era, un don inmerecido. Alguien le había alcanzado un salvavidas y él lo agarró, sin hacer preguntas. Ustedes no podrían imaginar a este hombre haciendo algunos de nuestros absurdos. Tomamos nuestro regalo gratuito y tratamos de ganarlo, o de diagnosticarlo, o de pagar por él, en vez de simplemente decir «gracias» y aceptarlo.

Irónico como pueda parecer, una de las cosas más difíciles de hacer es ser salvado por gracia. Hay algo en nosotros que reacciona contra el don gratuito de Dios. Tenemos alguna extraña compulsión para crear leyes, sistemas y regulaciones que «nos harán dignos» del regalo.

¿Por qué hacemos esto? La única razón que puedo figurarme es el orgullo. Aceptar la gracia significa aceptar su necesidad, y a la mayoría de los individuos no les gusta hacer esto. Aceptar la gracia también significa que uno se da cuenta de su desesperación, y la mayoría de la gente no es demasiado perspicaz para hacer eso tampoco. Barrabás, sin embargo, lo sabía mejor que nadie. Sin esperanza, encerrado en la galería de la muerte, no iba a desbaratar una concedida suspensión de ejecución. Tal vez él no entendió la misericordia, y seguramente no la merecía, pero no iba a rehusarla. Nosotros podríamos hacer bien en darnos cuenta que nuestro empeño no era muy diferente que ese de Barrabás. Nosotros también somos prisioneros sin oportunidad para apelar. Pero, ¿por qué algunos prefieren permanecer en prisión mientras la puerta de la celda ha sido abierta? Es un misterio digno de ponderar.

III

Si es verdad que un cuadro pinta mil palabras, entonces hubo un centurión romano que consiguió un diccionario completo. Todo lo que él hizo fue ver sufrir a Jesús. Nunca lo escuchó predicar ni lo vio curar, ni lo siguió en medio de las multitudes. Nunca lo vio reprender al viento; él sólo vio la manera en que murió. Pero eso fue todo lo que necesitó este soldado curtido por el sol y por el viento para dar un gigantesco paso de fe. «Ciertamente, este era un hombre recto».[1]

Eso dice mucho, ¿no es verdad? Dice que la rueda de caucho de la fe encuentra el camino de la realidad solamente bajo la dureza. Dice que lo verdadero de la creencia de alguien se revela en el dolor. Lo genuino y el carácter quedan al descubierto en la desgracia. La fe no está en su mejor concepción cuando vamos vestidos de tres piezas los domingos por la mañana o a las escuelas bíblicas de verano. La fe se manifiesta en su mejor forma en las camas de los hospitales, en las salas de cáncer, y en los cementerios.

Tal vez eso fue lo que movió a este viejo y curtido soldado. La serenidad en el sufrimiento es un conmovedor testimonio. Cualquiera puede predicar un sermón en un monte rodeado por margaritas. Pero sólo alguien con unas entrañas llenas de fe puede vivir un sermón en una montaña de dolor.

1. Lucas 23:47

13

Bueno... casi

C *asi* es una palabra triste en cualquier diccionario.

«Casi». Va junto con «cerca», «la próxima vez» «si solamente». Es una palabra que suaviza las oportunidades perdidas, los esfuerzos abortados y las oportunidades que no hemos aprovechado. Es una mención honorable, algo que aparece como correcto. Es lo que da en el punto. Y es lo que justifica las galletas quemadas.

Casi. Lo que se fue. La venta que por poco se hace. El juego que casi hacemos nuestro. Casi.

¿Cuántas personas saben que su reclamo de la fama es un casi?

«¿Les conté de aquella ocasión en la que casi fui seleccionado como el empleado del año?»

«Dicen que él casi formó parte de las Grandes Ligas».

«¡Pesqué un bagre que era más grande que yo! Bueno... casi».

Desde que ha existido gente, han habido casis. Personas que *casi* ganaron la batalla, que *casi* treparon la montaña, que *casi* encontraron el tesoro.

Uno de los más famosos «casis» se encuentra en la Biblia. Pilato. Sin embargo, lo que él perdió era algo mucho más significante que un bagre o un premio.

Él casi lleva a cabo lo que hubiera sido el más grande acto de misericordia de la historia. Él casi perdonó al Príncipe de Paz. Él casi puso en libertad al Hijo de Dios. Él casi optó por aceptar al Cristo. Casi. Él tenía el poder. Él tenía la decisión. Él usaba el anillo con el que se sellaban las órdenes. La opción de libertar al Hijo de Dios fue su..., y él casi lo hizo. ¿Cuántas veces estas cuatro feas letras encontraron su destino en epitafios de desesperación?

«Él casi logró juntarlos».

«Ella casi escogió no dejarlo».

«Ellos casi trataron una vez más».

«Nosotros casi lo hicimos funcionar».

«Él casi llegó a ser un cristiano».

¿Qué es lo que hace a *casi* una palabra tan potente? ¿Por qué hay tanto espacio entre «él casi lo hizo» y «él lo hizo?» En el caso de Pilato, no tenemos que buscar mucho para encontrar una respuesta. Es el agudo comentario del doctor Lucas en el capítulo 23 que provee la razón. Veamos lo que dice en el versículo 22 y 23:

> *«El les dijo por tercera vez: ¿Pues qué mal ha hecho éste? Ningún delito digno de muerte he hallado en Él; lo castigaré, pues y lo soltaré».*

«Mas ellos estaban a grandes voces pidiendo que fuese crucificado. *Y las voces de ellos y de los principales sacerdotes **prevalecieron**». (Itálicas mías, RSV).*

Tú tienes razón, Lucas. Las voces de ellos prevalecieron. Y como resultado, el orgullo de Pilato prevaleció. El temor de Pilato prevaleció. El poder de Pilato para colgar a alguien prevaleció. «De ellos». Sus voces no fueron las únicas voces, ustedes saben. Hubo por lo menos otras tres voces que Pilato pudo haber oído.

Él pudo haber oído la voz de Jesús. Pilato lo vio, ojo a ojo. Cinco veces pospuso la decisión de agradar a la multitud con políticas de azotes.[1] Sin embargo, Jesús fue siempre enviado de vuelta a él. Tres veces lo tuvo en frente y estuvo ojo con ojo con este nazareno que había venido a revelar la verdad. «¿Qué es la verdad?», preguntó Pilato retóricamente? (¿o lo hizo honestamente?) El silencio de Jesús fue mucho más alto que las demandas de la multitud. Pero Pilato no escuchó.

Él pudo haber escuchado la voz de su esposa. Ella le pedía «no tengas nada que ver con ese justo; porque hoy he padecido mucho en sueños por causa de Él».[2] Cualquiera se hubiera detenido y se hubiera preguntado acerca del origen de tal sueño, que hacía que una dama de púrpura llamara justo a este galileo de un pequeño pueblo. Pero Pilato no lo hizo.

O él pudo haber escuchado su propia voz. Seguramente pudo ver a través del frontispicio. «Anás y Caifás cortaron la falsa lealtad, tú tratas de mantenerla; yo sé dónde están tus intereses». Seguramente su conciencia le iba a hablar.«No hay nada equivocado con este hombre. Un poco misterioso tal vez, pero esa no es una razón para colgarlo».

Él pudo haber escuchado otras voces, pero no lo hizo. Él casi lo hizo. Pero no lo hizo. Las voces de Satanás prevalecieron.

Su voz a menudo prevalece. ¿Ha oído sus galanteos?

«Una vez no hace daño».

«Ella nunca lo sabrá».

«Todo el mundo hace cosas peores».

«Al menos tú no eres un hipócrita».

Su retórica de racionalización nunca termina. El padre de mentiras canturrea y habla lisonjas como un viajero vendedor de baratijas, prometiendo la luna y entregando desastres. «Da el paso adelante. Prueba mi porción de placer y canta mi canción de sensualidad. Después de todo, ¿quién sabe lo que pasará mañana?»

Dios, mientras tanto, nunca entra en una pelea con Satanás. La verdad no necesita ser gritada. Él está allí permanente y tranquilamente defendiendo su verdad. Siempre presente. Nada de trucos, nada de espectáculos, nada de tentaciones, sólo mostrando una abierta prueba de su realidad.

Las reacciones de la gente varían. Algunos corren inmediatamente al vendedor de veneno. Otros se vuelven rápidamente al Príncipe de Paz. La mayoría de nosotros, sin embargo, somos atrapados en algún punto entre los argumentos de la multitud que pertenece a Satanás y entre lo que oímos el mensaje de Dios.

Pilato aprendió que el significado de la disculpa del «casi», es suicida. Las otras voces ganarán. Su poder es demasiado fuerte. Su llamado demasiado atractivo. Y Pilato también aprendió que no hay infierno más oscuro que el infierno del remordimiento. Lavar tus manos mil veces no te librará de la culpa de una oportunidad no tenida en cuenta. Es algo así como tratar de perdonarte a ti mismo por algo que hiciste. Es algo más que tratar de perdonarte a ti mismo por algo que tú podías haber hecho, pero que no hiciste.

Jesús sabía eso demasiado bien. Por nuestro propio bien, Él demandó y demanda absoluta obediencia. Nunca ha tenido lugar para «casi» en su vocabulario. O usted está con Él o está contra Él. Con Jesús los «casi» han llegado a ser «ciertamente». «A veces» ha llegado a ser «siempre». «Si sólo» ha llegado a ser «negligente». Y «la próxima vez», ha llegado a ser «esta vez».

No; Jesús no tuvo espacio para «casi», y todavía no lo tiene. «Casi», debe tener algún valor en los cascos de los caballos y en las granadas de mano, pero con el Maestro es como decir «nunca».

1. Mateo 27:19, **RSV**
2. Lucas 23:4, 7, 17, 20, 22

14

Los diez que corrieron

ay algo impactante en el simple hecho de que los discípulos se volvieran a juntar. Me refiero al hecho que ellos tenían que haber estado muy avergonzados. Mientras se sentaban uno junto al otro ese domingo deben haberse sentido un poco tontos. Sólo dos noches antes la cocina se había calentado y ellos habían salido corriendo. Fue como si alguien hubiera lanzado una olla de agua hirviendo sobre un montón de gatos. ¡Bang! Todos escaparon. No pararon hasta que llegaron a todo posible hueco que había en Jerusalén.

¿Se ha preguntado alguna vez qué es lo que los discípulos hicieron ese fin de semana? Yo lo he hecho. Me he preguntado si algunos fueron por las calles o se quedaron pensando en casa. Me he preguntado qué dijeron cuando la gente les preguntó qué había pasado. «Este... bueno... como ustedes saben...» Me he preguntado si permanecieron de dos en dos o en pequeños grupos, o solos cada uno. Me he preguntado qué pensaron, qué es lo que sintieron.

«Tuvimos que correr». «¡Nos hubieran matado a todos!» «No entiendo qué pasó».

«Lo dejamos a Él allí».

«¡Él tendría que habernos advertido!»

Me he preguntado cuál de ellos estaba cuando el cielo se oscureció. Me he preguntado si estaban cerca del templo cuando la cortina se rasgó. ¿O cerca del cementerio cuando las tumbas se abrieron? Me he preguntado si algunos de ellos quisieron volver sigilosamente a la colina y mezclarse entre la multitud y contemplar las tres siluetas allí en la colina. Nadie sabe. Esas horas quedan para la especulación. Ninguna culpa, ningún temor, ninguna duda están registradas.

Pero sabemos una cosa. Ellos regresaron lentamente. Uno a uno. Regresaron. Mateo, Natanael, Andrés. Salieron de sus escondites. Salieron de las sombras. Santiago, Pedro, Tadeo. Tal vez algunos estaban ya camino de su casa, de vuelta a Galilea, pero dieron la vuelta y regresaron. Tal vez otros se habían dado por vencidos en disgusto, pero cambiaron de parecer. Tal vez otros estaban llenos de vergüenza, pero aun así volvieron.

Uno a uno apareció en el mismo aposento alto. (Tienen que haber hallado consuelo al encontrar a otros allí).

De todas las secciones de la ciudad aparecieron. Demasiado convencidos de ir a casa. Sin embargo, también demasiado confundidos para ir a casa. Cada uno con una desesperante esperanza de que todo había sido una pesadilla o una broma cruel. Cada uno esperando encontrar alguna clase de solaz. De estar juntos. Volvieron. Algo en su naturaleza se rehusaba a permitir que ellos se dieran por vencidos. Algo en aquellas palabras habladas por el Maestro los impulsó a regresar y a juntarse.

Ciertamente era una posición incómoda la que ellos tenían en ese terreno sin igual, entre el fracaso y el perdón. Suspendidos en algún lugar entre «no puedo creer lo que hice» y «nunca lo volveré a hacer». Demasiado avergonzados para pedir perdón, pero demasiado leales para darse por vencidos. Demasiado culpables para ser contados entre los discípulos; demasiado fieles para ser contados fuera de ellos. Me imagino que todos hemos estado allí. Diría que todos nosotros hemos visto nuestras promesas barridas como castillos de arena por las olas del pánico y la inseguridad. Me imagino que todos nosotros hemos visto nuestras palabras de obediencia y promesa cortadas en tirones por la sierra del temor y del miedo. Todavía no he encontrado a una persona que no haya hecho lo mismo y que juró que nunca lo haría. Todos nosotros caminamos las calles de Jerusalén.

¿Qué hizo regresar a los discípulos? ¿Qué los hizo volver? ¿Los rumores de la resurrección? Eso tenía que ser parte de la razón. Los que caminaban cerca de Jesús habían aprendido que Él haría lo inusual. Lo habían visto perdonar a una mujer que tuvo cinco esposos. Dar un trato honroso a un ladrón que era tan despreciado como un cobrador de impuestos, y había amado a un vagabundo que hubiera hecho sonrojar las caras de muchas personas. Lo habían visto sacar fuera a los demonios de algunos poseídos, y poner el temor de Dios en algunos religiosos que iban al templo. Las tradiciones se habían derrumbado, los leprosos se habían limpiado, los pecadores habían sido perdonados, los fariseos se habían esfumado, las multitudes habían sido movidas por Él. Nadie puede hacer las maletas e irse a casa tan fácilmente después de tres años como esos.

Tal vez Él realmente se había levantado de entre los muertos.

Pero fue algo más que los rumores de una tumba vacía lo que los trajo de vuelta. Había algo en sus corazones que no los dejaría con su traición. Por justificadas que fueran sus excusas, ellos no fueron lo suficientemente buenos para borrar la verdad de la historia. Habían traicionado a su Maestro. Cuando Jesús los necesitó, habían escapado. Y ahora tenían que aceptar la vergüenza.

Buscando perdón —aunque sin saber dónde hallarlo— regresaron. Volvieron al mismo aposento alto que guardaba el dulce recuerdo del pan partido y del simbólico vino. El simple hecho de que ellos regresaron dice algo de su líder. Dice algo sobre Jesús el hecho de que aquéllos que lo conocían bien no podían permanecer en su contra. Para los doce apóstoles originales habían sólo dos opciones: rendirse o suicidarse. Sin embargo, esto también dice algo sobre Jesús: aquellos que lo conocían bien sabían que aunque no hubieran hecho exactamente lo que habían prometido, podrían encontrar todavía el perdón.

Así que regresaron. Cada uno con toda una colección de recuerdos y una débil sombra de esperanza. Sabiendo cada uno que todo estaba terminado, pero esperando en su corazón que lo imposible sucediera una vez más. «Si yo tuviera sólo otra oportunidad».

Allí se sentaron. La conversación giró sobre los rumores de una tumba vacía. Alguien suspira. Alguien toca la puerta. Alguien arrastra sus pies.

Y cuando la oscuridad viene y se hace espesa, cuando su pensamiento está cayendo víctima de la lógica, cuando alguien dice: «¡Cómo daría mi alma inmortal por verlo una vez más!» un rostro familiar atraviesa la pared.

¡Oh! ¡Qué final! Mejor dicho, ¡Qué comienzo! No pierdan de vista la promesa revelada en esta historia. Para aquéllos de nosotros que, como los apóstoles, hemos dado la vuelta y hemos corrido cuando deberíamos haber permanecido y peleado, este pasaje está saturado de esperanza. Un corazón arrepentido es todo lo que Él demanda. ¡Salga de las sombras! ¡Salga de su escondite! Un corazón arrepentido es suficiente para permitir que el mismo Hijo de Dios atraviese nuestras paredes de culpa y de vergüenza. Él, que perdonó a sus seguidores, está allí listo para perdonar al resto de nosotros. Todo lo que tenemos que hacer es volver.

Con razón lo llaman el Salvador.

15

El único que
se quedó

Siempre me he imaginado a Juan como un individuo que vio la vida de una manera simple. «Lo correcto es lo correcto y lo equivocado es lo equivocado, y las cosas no son tan complicadas como nosotros las hacemos parecer».

Por ejemplo, definir a Jesús sería un desafío para el mejor de los escritores, pero Juan cumple con esta tarea con una casual analogía. El Mesías, en una palabra, era «La Palabra». Un mensaje andante. Una carta de amor. Ya sea, en momentos, un enérgico verbo, y en otros un tierno adjetivo. Él era, simple y llanamente, una palabra.

¿Y la vida? Bueno, la vida está dividida en dos secciones luz y tinieblas. Si usted está en una no está en la otra, y viceversa.

¿La siguiente pregunta?

«El diablo es el padre de mentira y el Mesías es el padre de verdad. Dios es amor y usted está de su parte si usted también ama. En realidad, la mayoría de los problemas son resueltos por amarse los unos a los otros».

Y algunas veces, cuando la teología se pone un poco más complicada, Juan hace una pausa lo suficientemente larga para ofrecer una palabra de explicación. Debido a su paciente narración de la historia, tenemos el comentario clásico: «Porque de tal manera amó Dios al mundo que ha dado a Su Hijo Unigénito».

Pero a mí me gusta más Juan por la manera en que amó a Jesús. Su relación con Jesús fue, nuevamente, bastante simple. Para Juan, Jesús fue un buen amigo con un buen corazón y una buena idea. Un narrador de historias que aparece sólo una vez en la vida, con una promesa que va más allá del arco iris.

Uno tiene la impresión de que para Juan, Jesús era ante todo un compañero leal. ¿El Mesías? Sí. ¿Hijo de Dios? En verdad. ¿Hacedor de milagros? Eso también. Pero más que cualquier cosa, Jesús era un compañero, alguien con el cual usted podría ir de paseo o con el cual podría compartir su tiempo contando las estrellas. Simple. Para Juan, Jesús no era un tratado sobre activismo social ni era un permiso para desaparecer las clínicas de aborto o vivir en un desierto. Jesús era un amigo.

Ahora, ¿qué hace usted con un amigo? (Bueno, eso es muy simple también.) Usted está junto a Él.

Tal vez por eso fue que Juan es el único de los doce que permaneció al pie de la cruz. Él vino a la cruz para decir adiós. Por sus propias declaraciones él no había podido poner todos los pedazos juntos todavía. Pero eso no importaba realmente. Hasta donde él sabía, su amigo más íntimo estaba en problemas, y él vino para ayudar. «¿Puedes cuidar de mi madre?».

«Por supuesto; para eso están los amigos».

Juan nos enseña que la más fuerte relación con Cristo no es necesariamente una relación complicada. Él nos enseña que los lazos más grandes de lealtad son tejidos, no con teologías demasiado profundas o con necias pruebas de filosofía, sino de amistad. Inquebrantable, desinteresada, gozosa amistad.

Después de testificar su inquebrantable amor, nos quedamos con un ardiente deseo de tener un amor como ese. Nos quedamos sintiendo que si pudiéramos haber estado en las sandalias de alguno ese día, habríamos estado en las del joven Juan y hubiéramos sido los únicos en ofrecerle una sonrisa de lealtad a nuestro querido Señor.

16

La colina del remordimiento

Mientras Jesús subía la colina del calvario, Judas subía otra colina; la del remordimiento.

Iba solo. Su sendero era de rocas, mezcladas con vergüenza y dolor. La cuesta estaba tan árida como su alma. Espinas de remordimiento rasgaban sus tobillos y talones. Los labios que habían besado a un rey estaban agrietados por la fricción. Y sobre sus hombros llevaba una carga que doblaba su espalda —su propio fracaso—. Por qué Judas traicionó a su Maestro no es realmente importante. Si fue motivado por ira o por la codicia, el resultado fue el mismo: remordimiento.

Hace unos pocos años visité la Corte Suprema de los Estados Unidos. Mientras estaba sentado en la sección de los visitantes, observé el esplendor de la escena en aquel cuadro mayor. El jefe de justicia estaba escoltado por sus colegas. Vestido con una túnica de honor, ellos eran la máxima expresión de la justicia. Representaban los esfuerzos de incontables mentes a través de miles de décadas. Aquí estaba el mejor esfuerzo del hombre para enfrentarse y tratar con sus propios fracasos.

¡Cuán inútil sería, pensé para mí mismo, si me aproximara a los representantes de la justicia y pidiera perdón por mis equivocaciones; perdón por hablar a las espaldas de mi profesor de quinto grado, perdón por ser desleal con mis amigos, perdón por prometer «no lo haré», en el día domingo, y decir «lo haré» el día lunes. Perdón por las incontables horas que había desperdiciado vagabundeando en las cuneta de la sociedad.

Sería inútil, porque el juez no podría hacer nada. Tal vez unos pocos días en la cárcel para calmar un poco mi culpa ¿Perdón? No estaba en él concederlo. Tal vez esa es la razón por la cual muchos de nosotros pasamos tantas horas en la colina del remordimiento. No hemos encontrado una manera de perdonarnos a nosotros mismos.

De ese modo trepamos la colina con mucha dificultad. Fatigados, con los corazones heridos, torturados con equivocaciones no resueltas. Suspiros de ansiedad. Lágrimas de frustración. Palabras de racionalización. Lamentos de duda. Para algunos el dolor está en la superficie. Para otros está sumergido, enterrado en un raro substrato de malos recuerdos. Padres, amantes, profesionales. Algunos tratando de olvidar, otros tratando de recordar, otros tratando de contender. Caminamos silenciosamente en una sola hilera con piernas de hierro por la culpa. Pablo fue el hombre que planteó la pregunta que está en todos nuestros labios: «¿Quién me librará de este cuerpo de muerte?»[1]

Cuando el sendero termina, hay dos árboles.

El uno está viejo y sin hojas. Está muerto pero todavía en pie. Su corteza se ha ido, dejando a la suave madera blanquearse con los años. Los vástagos y los cogollos ya no brotan más; sólo ramas secas penden del tronco. En la más fuerte de estas ramas está atada la cuerda de un hombre ahorcado. Fue aquí donde Judas trató su fracaso.

¡Si Judas tan sólo hubiera mirado al árbol que estaba al lado...! También estaba muerto. Su madera era también suave y lisa. Pero no había cuerda alguna atada a ninguna de sus ramas. No había más muerte en ese árbol. Una sola fue suficiente. Una muerte por todos.

Aquellos de nosotros que también hemos traicionado a Jesús sabemos lo que fue para Judas escoger el árbol que eligió. Pensar que Jesús nos ha quitado la venda de los ojos y ha desencadenado nuestras piernas —despúes de todo lo que le hemos hecho— no es fácil de creer. En efecto, se requiere mucha más fe para creer que Jesús puede pasar por alto mis traiciones que la requerida para creer que Él se levantó de los muertos. Ambas cosas son igualmente milagrosas.

¡Qué par de árboles éstos! Sólo a unos pocos pies de distancia del árbol de la desesperación se levanta el de la esperanza. La vida está, paradójicamente, cerca de la muerte. La bondad está al alcance de su brazo de las tinieblas. El lazo de un hombre ahorcado y el salvavidas se están balanceando a la misma sombra.

Pero aquí permanecen.

Uno no puede hacer nada más si no estar un poco asombrado por lo inconcebible de todo esto. ¿por qué Jesús permanece en la colina más representativa de la vida y me espera con manos extendidas, atravesadas por los clavos? A esto es lo que se ha llamado una «absurda y santa gracia».[2]

Un tipo de gracia que no puede ser admitida por la lógica. Pero entonces pienso que la gracia no tiene por qué ser lógica. Si lo fuera, no sería gracia.

1. Romanos 7:24
2. Frederick Buechner, *The Secred Journey*, p. 52, Harper and Row, 1982.

17

El evangelio de la segunda oportunidad

Fue como descubrir el premio en una caja de cereales, o encontrar una pequeña perla en una caja de botones —o descubrir un billete de diez dólares en un cajón lleno de papeles viejos.

Fue lo suficientemente pequeño para pasarlo por alto. Sólo tres pequeñas palabras. Sé que he leído ese pasaje cien veces. Pero nunca lo había visto. Tal vez lo pasé por alto en la emoción de la resurrección. O quizás por ser Marcos el más breve de los cuatro evangelistas en su relato de la resurrección, posiblemente no le prestaría demasiada atención. O tal vez, puesto que está en el último capítulo del evangelio, mis ojos fatigados habrían siempre leído muy rápido como para notar esta corta frase.

Pero no la perderé de vista otra vez. En mi Biblia ahora está destacada en amarillo y subrayada con rojo. Usted podría querer hacer lo mismo. Busque en Marcos, capítulo 16. Lea los primeros cinco versículos que hablan de la sorpresa de las mujeres cuando encontraron removida la piedra y puesta a un lado. Luego alégrese en esa hermosa frase dicha por el ángel «Él no está aquí, ha resucitado», pero no se detenga allí demasiado tiempo. Avance un poco más. Tenga su lápiz listo y disfrute de esta joya en el séptimo versículo (aquí viene).

El versículo dice así: «Pero id, decid a sus discípulos y a Pedro, que Él va delante de vosotros a Galilea».

¿Lo vio? Véalo otra vez. (Esta vez lo pondré en bastardillas.)

«Pero id, decid a sus discípulos y a Pedro, que Él va delante de vosotros a Galilea».

Ahora dígame si ese no es un tesoro escondido.

Me gustaría parafrasear las palabras: «No se queden aquí, vayan a sus discípulos —una pausa, luego una sonrisa —¡y digan especialmente a Pedro! que Él va delante de ustedes a Galilea».

¡Qué línea esta! Es como si todos los cielos hubieran visto la caída de Pedro —y es como si todos los cielos hubieran querido ayudarlo a levantarse de nuevo. «Estén seguros y díganle a Pedro que él no ha sido dejado a un lado. Díganle que una caída no significa que todo se vino abajo».

¡Increíble! No se maraville que lo llamen el evangelio de la segunda oportunidad.

No existen muchas segundas oportunidades en el mundo de hoy en día. No hay muchas segundas oportunidades. Ahora, más que nunca, es «ahora o nunca». «Aquí no toleramos la incompetencia». «No hay mucho espacio en la cima». «Tres golpes y usted queda afuera». «¡Este es un mundo de perro-come-perro!»

Jesús tiene una simple respuesta a nuestra manía masoquista. «¿Es un mundo de perro-come-perro?», diría Él. «Entonces no viva con los perros». Suena bien, ¿verdad? ¿Por qué dejar a un puñado de otros fracasados decirle cuán fracasado es usted?

Seguro que entre ellos usted tiene una segunda oportunidad.

Sólo pregunte a Pedro. En un minuto se sintió más bajo que una serpiente arrastrándose, y en el siguiente minuto se sintió el más sucio y egoísta sobre la tierra. Pero hasta los ángeles querían que este aturdido lanzador de redes supiera que no todo estaba terminado. El mensaje vino alto y claro del celestial Salón del Trono, a través del divino mensajero. «Estén seguros, y díganle a Pedro que él tiene que batallar otra vez».

Los que conocen este tipo de cosas dicen que el Evangelio de Marcos fue escrito en base a las notas dadas y transcritas de los pensamientos de Pedro. Si esto es verdad, entonces fue Pedro mismo quien incluyó estas palabras: «y a Pedro». Y si éstas son realmente sus palabras, yo no puedo sino imaginarme que aquel viejo pescador tuvo que limpiarse una lágrima y tragarse un nudo en la garganta cuando llegó a este punto de la historia.

No son todos los días cuando usted logra una segunda oportunidad. Pedro debe haber sabido eso. La siguiente ocasión que vio a Jesús estuvo tan excitado que no pudo contener sus emociones y hubiera querido saltar a las frías aguas del mar de Galilea. Fue también suficiente, así dicen ellos, para hacer que este galileo llevara el evangelio de la segunda oportunidad por todas partes. Hasta Roma, donde lo mataron. Si usted nunca se ha preguntado qué haría que un hombre quiera ser crucificado con la cabeza para abajo, tal vez ahora sabe la respuesta.

No todos los días usted encuentra alguien que le dará una segunda oportunidad —mucho menos alguien que le dará una segunda oportunidad todos los días.

Pero en Jesús, Pedro encontró las dos cosas.

18

Deje espacio para lo mágico

Tomás. Él amerita un juicio limpio.

Oh, ya sé que le hemos puesto una etiqueta. En alguna parte, en algún sermón, alguien lo llamó «Tomás, el incrédulo». Y este apodo pegó. Y es verdad, él dudó. Pero es que hay algo más importante que eso. Había más para su cuestionamiento que una simple falta de fe. Hubo más debido a una falta de imaginación. Usted lo ve más en la historia de la resurrección. Considere, a manera de ejemplo, la ocasión en que Jesús estaba hablando con toda la elocuencia acerca del hogar que Él iba a preparar. Aunque los ejemplos no eran muy fáciles de entender por parte de Tomás, él estaba haciendo lo que podía. Usted puede ver sus ojos muy abiertos mientras trata de imaginar una gran casa blanca en la «Avenida Santo Tomás". Y precisamente, cuando él está haciéndose la imagen, Jesús dice: «Ustedes saben el camino por el cual estoy yendo». Tomás pestañea una o dos veces, mira alrededor, a las otras caras inexpresivas, y entonces suelta una cándida pregunta: «Señor, no sabemos dónde tú vas, ¿cómo podremos ver el camino?»[1]

Tomás no se imaginó que su mente hablara. ¡Si usted no entiende algo, dígalo! Sólo así su imaginación podría ir más lejos.

Y entonces hubo aquella vez que Jesús dijo a sus discípulos que iba a estar con Lázaro aun cuando él ya estaba muerto y enterrado. Tomás no podía imaginarse a lo que Jesús estaba refiriéndose, pero Jesús quería volver al lugar donde aquellos judíos que habían tratado de apedrearlo en cierta ocasión Tomás no quería dejarlo que los enfrentara solo. Así que él dijo: «Vamos también nosotros, para que muramos con Él».[2]

Tomás había pasado su vida esperando al Mesías y ahora que el Mesías estaba aquí, quería emplear su vida para Él. No era mucha imaginación, sino mucha lealtad.

Tal vez es este ejemplo de lealtad el que explica por qué Tomás no estaba en el Aposento Alto cuando Jesús se apareció a los otros apóstoles. Como usted ve, yo pienso que Tomás tomó la muerte de Jesús muy en serio. Aun cuando él no había podido comprender suficientemente todas las metáforas que Jesús a veces empleaba, él todavía quería ir hasta el fin con Él. Pero jamás esperó que el fin viniera tan abrupta y prematuramente. Como resultado, Tomás se quedó con un crucigrama lleno de espacios vacíos, sin respuestas.

Por otro lado, la idea de un Jesús resucitado era demasiado difícil de captar por el dogmático Tomás. Su ilimitada creatividad dejaba poco espacio para lo mágico o lo sobrenatural. Además, él no iba a sentirse desilusionado otra vez. Una desilusión era suficiente, gracias. Sin embargo, por otro lado, su lealtad lo hizo anhelar creer. Aun cuando hubiera la más leve sombra de esperanza, él quería estar formando parte de ella.

Su confusión, entonces, vino de una fusión entre su falta de imaginación y su inconmovible lealtad. Él era demasiado honesto con la vida para ser crédulo, y sin embargo era demasiado leal a Jesús para no tener fe. Hasta el final, fue esta devoción realística lo que le hizo pronunciar la ahora famosa condición: «Si no viera en sus manos la señal de los clavos, y metiere mi dedo en el lugar de los clavos, y metiere la mano en su costado, no creeré».[3]

Así que, yo me imagino que ustedes podrían decir que él dudó. Pero esta fue una diferente clase de duda que no brota de la timidez o de la desconfianza, sino del rehusar a creer lo imposible y de un simple temor de ser herido dos veces.

La mayoría de nosotros somos de la misma manera ¿Verdad? En nuestro mundo de presupuestos, de planes cuidadosamente hechos y de avanzadas computadoras, ¿no nos parece muy difícil confiar en lo increíble? ¿No tenemos la mayoría de nosotros la tendencia a escudriñar la vida detrás de todos los acontecimientos con señas fruncidos y caminando con pasos cautelosos? Es difícil para nosotros imaginar que Dios pueda sorprendernos. Hacer un pequeño espacio para milagros, ahora, no suena como algo razonable.

Como resultado, nosotros, al igual que Tomás, encontramos muy difícil creer que Dios puede hacer todas las cosas como a Él le parece mejor, como por ejemplo reemplazar la muerte con la vida. Nuestras nada fértiles imaginaciones guardan poca esperanza de que lo improbable ocurrirá. Nosotros, entonces, al igual que Tomás, dejamos que nuestros sueños caigan víctimas de la duda.

Cometemos la misma equivocación que Tomás cometió: Olvidamos que lo «imposible» es una de las palabras favoritas de Dios.

¿Cómo es en su caso? ¿Qué pasa con usted? ¿Cómo es su imaginación en estos días? ¿Cuándo fue la última vez que usted dejó que alguno de sus sueños fueran anulados por su lógica? ¿Cuándo fue la última vez que usted se imaginó lo inimaginable? ¿Cuándo fue la última vez que usted soñó en un mundo unido de paz, o en todos los creyentes unidos en fraternidad? ¿Cuándo fue la última vez que usted soñó en el día en que toda boca será alimentada y toda nación orará en paz? ¿Cuándo fue la última vez que usted soñó en que toda criatura sobre la tierra oiría acerca del Mesías? ¿Ha pasado ya un buen tiempo desde que usted proclamó la promesa de Dios de que Él «es poderoso para hacer todas las cosas mucho más abundantemente de lo que pedimos o entendemos»?[4]

Aunque iba contra todos los huesos lógicos que tenía en su cuerpo, Tomás dijo que creería si sólo pudiera tener una pequeña prueba. Y Jesús (quien siempre es tan paciente con nuestras dudas) concedió a Tomás exactamente lo que quería. Extendió sus manos una vez más. Y Tomás fue sorprendido como nunca. Él cayó de rodillas, con su cara en tierra, y gritó: «¡Mi señor y mi Dios!»[5]

Jesús debe haber sonreído.

Él sabía que en Tomás tenía a un ganador. En cualquier momento que usted mezcle lealtad con un poco de imaginación, tiene a un hombre de Dios en sus manos. Un hombre que morirá por una verdad. Sólo mire a Tomás. La leyenda lo tiene a él esperando embarcarse para la India, donde sería muerto para callarlo, para que no siguiera hablando sobre su hogar preparado en el mundo por venir, y de su amigo que regresó de los muertos.

1. Juan 14:5 RSV
2. Juan 11:16
3. Juan 20:25
4. Efesios 3:20
5. Juan 20:28

19

Una candela en la caverna

Ellos vienen como amigos —amigos secretos—, pero amigos de todos modos. «Usted puede bajarlo ahora, soldado. Yo cuidaré de Él».

El sol de la tarde está alto mientras ellos permanecen silenciosamente en la colina. Está más tranquila de lo que estaba temprano. La mayor parte de la multitud se había ido. Los dos ladrones agonizan y se quejan a medida que se acerca la muerte. Un soldado arrima una escalera contra el madero central, asciende y quita la estaca que mantiene erguida la cruz. Otros soldados, contentos de que el día de trabajo esté llegando a su fin, ayudan con la tarea pesada de acostar la cruz de ciprés en el suelo, con el cuerpo colgando aún.

«Tengan cuidado ahora», dice José.

Los clavos de cinco pulgadas son arrancados de la dura madera, dejando en libertad las agujereadas manos. El cuerpo que encerraba a un Salvador es alzado y colocado yacente sobre una gran piedra.

«Es todo suyo», dice el centurión. La cruz es colocada a un lado, pronto sería llevada hasta el cuarto de los útiles hasta que fuera necesitada otra vez.

Ninguno de los dos está acostumbrado a este tipo de trabajo. Sin embargo, sus manos se mueven rápidamente mientras cumplen sus tareas.

José de Arimatea se arrodilla detrás de la cabeza de Jesús y tiernamente limpia la cara ensangrentada; con una suave y húmeda tela limpia la sangre que salió en el jardín, la que vino de los latigazos y la surgida por la corona de espinas. Con esto hecho, le cierra bien los ojos.

Nicodemo desenrolla algunas sábanas de lino que José trajo y las coloca en la piedra al lado del cuerpo. Los dos líderes judíos levantan el cuerpo sin vida de Jesús y lo colocan sobre el lino. Partes del cuerpo son ahora ungidas con especies perfumadas. A medida que Nicodemo toca las mejillas del Maestro con áloe, escapa la emoción que había estado conteniendo. Sus propias lágrimas caen sobre el rostro del Rey crucificado. Hace una pausa para limpiar otra lágrima. El judío de mediana edad mira largamente al joven galileo.

Es un poco irónico que el entierro de Jesús fuera realizado, no por aquellos que habían declarado que jamás lo dejarían, sino por dos miembros del Sanedrín —dos representantes del grupo religioso que lo mató. Pero luego, una vez más, de todos los que estuvieron en deuda con este cuerpo quebrantado, ninguno fue tanto como esos dos. Muchos habían sido librados de los profundos pozos de la esclavitud y de la enfermedad. Muchos habían sido encontrados en los túneles más oscuros. Túneles de perversión y muerte. Pero ningún túnel fue nunca más oscuro que el túnel del que estos dos habían sido rescatados: el túnel de la religión.

Ellos no vinieron de nada más oscuro. Sus cavernas son muchas y sus agujeros profundos. Sus pasadizos subterráneos están llenos con el espíritu de las buenas intenciones. Sus interminables laberintos de canales están alborotados con los desorientados. Sus senderos están cubiertos con despedazadas botas de vino y vino derramado.

Usted no querría traer a una fe joven a este túnel. Las mentes jóvenes llenas de preguntas y de deseos de pruebas caerían rápidamente en las tenebrosas tinieblas. Los frescos puntos de vista son censurados, a fin de proteger las frágiles tradiciones. La originalidad es

desalentada. La curiosidad es atacada. Las prioridades son esqui-
vadas una y otra vez.

Cristo no tuvo más que palabras de enérgica represión para
aquellos que moran en estas cavernas. «Hipócritas», los llamó.
Actores sin Dios. Constructores de cercas. Jueces inflexibles. Des-
preciables contemporizadores no autorizados. Observadores de las
pequeñeces. «Guías ciegos» «Sepulcros blanqueados». «Serpien-
tes». «Víboras». ¡Bang' ¡Bang! ¡Bang! Jesús no daba cabida a
aquéllos especializados en hacer de la religión un conflicto, y de la
fe una competencia de carreras. No aceptaba nada de eso.[1]

José y Nicodemo también estaban cansados de esto. Ellos lo
habían visto por sí mismos. Habían visto la lista de reglas y
regulaciones. Habían visto temblar a la gente bajo cargas inso-
portables. Habían oído por horas las disertaciones sin sentido sobre
detalles legalísticos. Habían usado las túnicas sagradas y se habían
sentado en los lugares de honor, donde la Palabra de Dios había sido
convertida en algo vacío. Habían visto que la religión llega a ser la
atadura que paraliza.

Y ellos quisieron salir de ella.

Era un riesgo muy grande. La alta sociedad de Jerusalén no iba
a mirar muy bondadosamente a dos de sus líderes religiosos ente-
rrando a un revolucionario. Pero para José y Nicodemo la decisión
era obvia. Las verdades que este joven predicador de Nazaret les
dijo se oponían o no tenían nada que ver con la verdad que ellos
habían oído en la caverna. Además, a ellos les había interesado
mucho más salvar sus almas que sus pieles.

Así que levantaron el cuerpo lentamente y lo llevaron a aquella
tumba que no había sido usada todavía. Al hacerlo prendieron una
lámpara en la cueva.

Supongamos que estos dos han estado observando el mundo
religioso durante los últimos dos mil años. Probablemente han
encontrado cosas que no son demasiado diferentes. Hay todavía
una inmensurable cantidad de mal que sigue usando la túnica de la
religión y usa la Biblia como un martillo implacable. Todavía es
algo de moda tener títulos sagrados y usar símbolos sagrados. Y
todavía se da el caso de que uno tiene que encontrar la fe a pesar de
la iglesia, en vez de la fe en la iglesia.

Pero ellos también han observado que cuando los religiosos logran demasiada religión y los justos logran demasiada justicia, Dios encuentra a alguien en la caverna que prenderá la luz en un candelero. Fue prendida por Lutero en Wittemburg, por Latimer en Londres y por Tyndale en Alemania. John Knox prendió la llama como un galeote y Alexander Campbell hizo lo mismo como un predicador.

No es fácil encender una candela en una caverna oscura. Sin embargo, aquéllos de nosotros cuyas vidas han sido iluminadas por causa de estos valientes hombres, estamos eternamente agradecidos. Y de todos los actos de iluminación, no hay duda sobre cuál es el más noble.

«Usted puede bajarlo ahora soldado, yo cuidaré de Él».

1.   Mateo 23

20

Mensajeras en miniatura

Antes de decirles adiós a los que estaban presentes en la cruz, tengo una presentación más que hacer. Esta presentación es muy especial.

Había un grupo que asistió ese día cuyo papel fue crítico. No hablaron mucho, pero estuvieron allí. Pocos los notaron, pero eso no es sorprendente. Su misma naturaleza es tan silenciosa que a menudo son pasados por alto. En realidad, los escritores del evangelio no hicieron mucha referencia de ellos. Pero nosotros sabemos que estaban allí. Tenían que estar. Tenían un trabajo que hacer.

Sí, esta representación hizo mucho más que mirar el divino drama; ellos lo expresaron. Lo captaron. Hicieron notar la desesperación de Pedro; demostraron la culpabilidad de Pilato y descubrieron la angustia de Judas. Transmitieron la confusión de Juan y tradujeron la compasión de María.

Su principal papel, sin embargo, fue que cumplieron con el Mesías. Con mucha delicadeza y ternura le ofrecieron alivio a su dolor y expresión de sus anhelos.

¿A quiénes estoy describiendo? Ustedes pueden sorprenderse.

Lágrimas.

Esas pequeñísimas gotas de humanidad. Esas redondas y húmedas esferas de fluido que brotan de nuestros ojos, descienden por nuestras mejillas y caen en el piso de nuestros corazones. Ellas estuvieron allí ese día. Están presente siempre en tales ocasiones. Tenían que estar, es su misión. Son mensajeras en miniatura; se las puede llamar veinticuatro horas al día para sustituir a las palabras paralizadas. Ellas gotean y se vierten del rincón de nuestras almas, trayendo consigo las más profundas emociones que poseemos. Resbalan por nuestros rostros anunciando toda una gama de emociones que van desde el gozo más hermoso hasta la más profunda desesperación.

El principio es simple; cuando las palabras son por demás vacías, las lágrimas son las más apropiadas.

Una mancha de lágrimas sobre una carta dice mucho más que la suma de todas sus palabras. Una lágrima cayendo sobre un féretro dice lo que un orador bien preparado nunca podría. ¿Qué resume más rápidamente la compasión de una madre y la preocupación que siente, que una lágrima en la mejilla de su niño? ¿Qué brinda mayor ayuda que una lágrima de simpatía en la cara de un amigo?

Las palabras fallaron el día que el Salvador fue azotado. Fallaron miserablemente. ¿Qué palabras podrían haber sido pronunciadas? ¿Qué frases podrían haber expresado posiblemente los sentimientos de aquellos que estaban involucrados en todo esto? Esa tarea, mi amigo, fue dejada a las lágrimas. ¿Qué hace usted cuando las palabras no vienen? Cuando todos los sustantivos y verbos yacen inútiles a sus pies, ¿con qué se comunica usted? Cuando las más elocuentes afirmaciones no son suficientes, ¿qué hace usted? ¿Es uno de los afortunados que no se avergüenza de dejar que una lágrima aparezca? ¿Puede estar tan feliz que sus ojos se hagan agua y su garganta se ponga ronca? ¿Puede usted estar tan orgulloso que sus pupilas se nublen y su visión se empañe? Y en el dolor, ¿deja usted que sus lágrimas quiten el peso que aprieta su pecho y desaten el nudo que hay en su garganta?

¿Hace usted retroceder a sus lágrimas y sólo las deja caer por dentro?

No muchos de nosotros somos buenos demostrando nuestros sentimientos, como usted sabe. Especialmente nosotros, los amigos. O podemos insultar, maldecir y tratar mal.

¡Sí, señor! Pero, ¿lágrimas? «¡Guarde eso para los tímidos y de rodillas débiles. Yo tengo un mundo para contestar!»

Haríamos bien, amigo, si hiciéramos una pausa; si miráramos las caras bañadas en lágrimas que aparecen junto a la cruz .

Pedro. El rudo pescador. Suficientemente fuerte como para sacar una red llena de peces del mar. Suficientemente valiente para capear el más fuerte de los temporales. El hombre que sólo unas horas antes había sacado su espada contra toda la guardia romana. Pero ahora mírelo, llorando, no... lamentándose. Arrinconado en una esquina con la cara escondida en las manos. ¿Estaría haciendo esto un verdadero hombre? ¿Admitiendo su falta? ¿Confesando su fracaso y rogando el perdón? ¿Se defendería un verdadero hombre? ¿Se defendería...? ¿Lo justificaría...? ¿Lo racionalizaría y permanecería en su puesto? ¿Ha perdido Pedro su hombría? Nosotros sabemos otra cosa, ¿no es verdad? Tal vez él sea menos hombre para el mundo, pero ¿menos hombre de Dios? De ninguna manera.

Y Juan. Mire sus lágrimas. Su rostro hinchado por el dolor mientras permanece con sus ojos al mismo nivel que los pies ensangrentados de su Maestro. ¿Es su emoción una falta de valor? ¿Es su desesperación una falta de agallas?

Y las lágrimas de Jesús. Vinieron en el jardín. Estoy seguro que también vinieron en la cruz. ¿Son un signo de debilidad? ¿Significan esas lágrimas sobre sus mejillas que no hay fuego en sus entrañas o entereza en su interior? Por supuesto que no.

Aquí está el punto. No es asunto sólo de lágrimas, es lo que ellas representan. Representan el corazón, el espíritu y el alma de una persona. ¡Poner una cerradura y una llave en nuestras emociones es enterrar parte de nuestra semejanza con Cristo!

Especialmente cuando usted viene al calvario. Usted no puede ir a la cruz sólo con su cabeza y no con su corazón. Esto no funciona de esta manera. El calvario no es un viaje mental. No es un ejercicio intelectual. No es un cálculo divino o un frío principio teológico.

Es una hora de emoción nacida de lo más profundo del corazón.

No se aleje de él con los ojos secos y sin ningún sentimiento de ternura. No se arregle sólo su corbata y aclare su garganta. No se permita descender del calvario frío y conforme.

Por favor... ¡deténgase! Mire otra vez.

Esos son clavos en esas manos.

Ese es Dios en la cruz.

Somos nosotros los que lo pusimos ahí.

Pedro lo sabía, Juan lo sabía. María lo sabía.

Ellos sabían que un gran precio se estaba pagando. Sabían quiénes realmente perforaron su costado. De alguna manera también sabían que la historia se estaba escribiendo de nuevo.

Esa es la razón por la que lloraron.

Vieron al Salvador.

¡Dios mío! Nunca podríamos ser tan «educados», nunca podríamos ser tan «maduros» nunca podríamos ser tan «religiosos» como para ver su pasión sin lágrimas.

La cruz:
Su sabiduría

21

¡VIVO!

Camino. Oscuridad. Estrellas. Sombras. Cuatro. Sandalias. Túnicas. Quietud. Suspenso. Arboleda. Árboles. Solo.

Preguntas. Angustia. «¡Padre!» Dulce. Dios. Hombre. Dios-hombre. Postrado. Sangre. «¡No!» «sí». Ángeles. Solaz.

Huellas. Antorchas. Voces. Romanos. Sorpresa. Espadas. Beso. Confusión. Traición. Temor. ¡Corre! Sentenciado. Muñecas. Marchar.

Explanada. Sacerdotes. Lámparas. Sanedrín. Caifás. Escarnio. Seda. Arrogancia. Barba. Conspiración. Descalzo. Manto. Calma. Empujón. Puntapié. Alas. Indignante. ¿Mesías? Juicio. Nazareno. Confidente. Pregunta. Respuesta. ¡Golpe!

Pedro. «¿Yo?» Gallo. Tres. Culpa.

Procedimientos. Corte. Rechazo. Juicio. Fatiga. Pálido. Testigos. Mentirosos. Inconsistente. Silencio. Miradas. «¡Blasfemo!» Ansiedad. Espera. Magullado. Sucio. Fatigado. Guardias. Escupitajo. Venda. Escarnio. Golpes. Fuego. Crepúsculo.

Alba. Dorado. Jerusalén. Templo. Pascua. Ovejas. Cordero. Adoradores. Sacerdotes. Mesías. Oído. Fraude. Prisionero. Espera. Parado. Traslado. Estrategia. «¡Pilato!» Trampa. Murmullos. Salida.

Agitación. Desfile. Multitud. Hinchazón. Romanos. Pilato. Toga. Vejado. Nervioso. Oficiales. Túnicas. Lanzas. Silencio. «¿Cargos?» «Blasfemia». Indiferencia. Ignorar. (Esposa. Sueño.) Preocupado. Entrevista. Labios. Dolor. Determinado.

«¿Rey?» «Cielo». «Verdad». «¿Verdad?», Sarcasmo. (Temor). «¡Inocente!» Rugido. «¡Galileo!» «¿Galilea?» «¡Herodes!»

9 A.M. Caminantes. Palacio. Herodes. Zorra. Maquinador. Intrigante. Barrigón. Corona. Capa. Escéptico. Vestíbulo. Elegancia. Silencio. Manipular. Inútil. Vejado. Ultrajado. Vilipendiado. «¿Rey?» Manto. Teatral. Cínico. Odioso. «¡Pilato!»

Marcha. Alboroto. Prisionero. Apaciguados. Pilato. «¡Inocente!» Desbarajuste. «¡Barrabás!» Tumulto. Desesperación. Cristo. Desnudo. Aros. Pared. Espalda. Látigo. Bofetada. Flagelo. Rasgar. Hueso. Lamento. Carne. Repetición. Silencio. «¡Latigazo!» Espinas. Tormento. Ciego. Risa. Escarnio. Cetro. Bofetada. Gobernador. Aturdido. (Casi). Ojos. Jesús. Decisión. Poder. «¿Libertad?» Amenazas. Miradas. Gritería. Débil. Palangana. Flaquear. Compromiso. Sangre. Culpa.

Soldados. Ladrones. Cruz. Hombro. Pesado. Golpe. Pesado. Sol. Tambaleo. Inclinación. Casas. Tiendas. Rostros. Endechadores. Murmuradores. Peregrinos. Mujeres. Caída. Guijarros. Agotamiento. Agonía. Simón. Patético. Gólgota.

Calavera. Calvario. Cruces. Ejecución. Muerte. Mediodía. Lágrimas. Observadores. Lamentos. Vino. Desnudo. Magullado. Hinchado. Cruz. Cartel. Suelo. Clavos. Golpes. Golpes. Golpes. Horadado. Contorsionado. Sediento. Terrible. Gracia. Contorsionado. Levantado. Montado. Colgado. Suspendido. Espasmos. Pesado. Sarcasmo. Esponja. Lágrimas. Vilipendios. Perdón. Dados. Fuego. Oscuridad.

Absurdo.

Muerte. Vida.

Dolor. Paz.

Condena. Promesa.

En ningún lado. Dondequiera.

El. Nosotros.

«¡Padre!» Ladrones. Paraíso. Lamentos. Llanto. Golpeado. «Madre». Compasión. Oscuridad. «¡Dios mío!» Miedo. Huida. Desierto. Vinagre. «Padre». Silencio. Suspiro. Muerte. Alivio.

Terremoto. Cementerio. Tumbas. Cuerpos. Misterio. Cortina. Lanza. Sangre. Agua. Especies. Lino. Tumba. Temor.

Espera. Desesperación. Piedra. María. Carrera. ¿Sí? Pedro Juan. Fe. Luz. Verdad. Humanidad. Vivo. Vivo. ¡Vivo!

22

Brazos abiertos

Ellos no estarían exactamente en lo que usted llamaría una lista de «quién es quién en pureza y santidad». En efecto, algunas de sus costumbres y actitudes harían pensar que la gente del sábado por la noche podía llenar la cárcel del condado. Qué pocos halos de santidad hay entre esta multitud tan sucia que probablemente debería usar un poco de fijador y brillantina. Sin embargo, extraño como puede parecer, es esta misma humanidad que hace a esta gente refrescante. Son tan refrescantes que usted nunca necesitaría que alguien le recuerde la tolerancia de Dios; usted la encontraría en estas personas. Si usted alguna vez se ha preguntado cómo podría Dios, en este mundo, usarlo para cambiar el mundo, mire estas personas.

¿Qué personas? Las personas que Dios usó para cambiar la historia. Una bolsa de andrajos de «nunca lo hacemos bien» y de «nunca ha sido» quienes no hallaron esperanza en lo que hacían, sino en los proverbiales brazos abiertos de Dios.

Comencemos con Abraham. Aunque elogiado por Pablo debido a su fe, este «padre de una nación» no estuvo sin su debilidad. ¡Él tenía una lengua embustera que no podía controlar! En una ocasión, para salvar su pescuezo, dejó que se le saliera la palabra, diciendo que Sara no era su esposa sino su hermana, lo cual era solamente la mitad de la verdad.[1]

Y luego, no mucho más tarde, ¡él hizo lo mismo otra vez!

«Y Abraham dijo de Sara su esposa: «ella es mi hermana».[2]

Dos veces él traficó con su integridad, buscando seguridad. ¿Es eso lo que usted llama confianza en las promesas de Dios? ¿Puede usted construir una nación sobre esa clase de fe? Dios puede. Dios tomó lo que era bueno y perdonó lo que era malo, y usó una «lengua que no tiene pelos» para comenzar una nación.

Otro hombre casero es Moisés. Definitivamente, uno de los más grandes de la historia. Pero hasta que tuvo ochenta años de edad, parecía que no aumentaría mucho más de una onza a la vez. Un príncipe convertido en forajido. ¿Escogería usted a un asesino buscado para conducir una nación fuera de la esclavitud? ¿Llamaría a un fugitivo para portar los Diez Mandamientos? Dios lo hizo. Y lo llamó; de todos los lugares; del mismo prado donde pastoreaba las ovejas. Llamó su nombre a través de una zarza ardiendo. ¡Asustado, el viejo Moisés se quitó inmediatamente sus sandalias! Allí, con las rodillas contra el suelo y diciendo «¿Quién? ¿Yo?» Su cara contra la tierra, Moisés estuvo de acuerdo en volver al protagonismo.

¿Y qué puede usted decir sobre ese individuo cuya lujuria llegó a ser tan grande que se consiguió una mujer embarazada; trató de achacar este asunto a su esposo, y mató luego a este esposo, para luego continuar viviendo como si nada hubiera pasado? Bueno, usted diría que él fue un hombre conforme al corazón de Dios. El registro de lo que David hizo dejaría muy poco que desear, pero su espíritu arrepentido era incuestionable. Entonces viene Jonás. Embajador de Dios a Nínive. Sin embargo, Jonás tenía otras ideas. Él tenía que desear ir a esa malvada ciudad. Así que esperó otro barco mientras Dios no lo estaba mirando, (o al menos eso fue lo que pensó). Dios lo puso en el vientre de una ballena para hacerlo volver en razón. Pero ni la ballena lo pudo contener en su estómago a este misionero por demasiado tiempo. Un buen estornudo y Jonás salió disparado a la superficie, aterrizó en la playa arrepentido y con los ojos inmensamente abiertos (lo cual precisamente muestra que usted no puede mantener encerrado a un buen hombre).

Y siguen, y siguen las historias: Elías, el profeta que se puso de mal humor, Salomón, el rey que sabía demasiado, Jacob, el vendedor astuto; Gómer, la prostituta; Sara, la mujer que se rió de Dios. Una historia de Dios tras otra, usando lo mejor del hombre y pasando por alto lo peor de él. Aun la genealogía de Jesús tiene uno o dos caracteres dudosos —Tamar la adúltera, Raab la prostituta y Betsabé, quien tenía la tendencia a bañarse en lugares muy cuestionables.

La lección que reasumimos y aseguramos es clara. Dios usó (y usa) personas para cambiar el mundo. ¡Personas! No santos ni superhombres ni genios, sino personas. Ladrones, adulones, amantes y mentirosos —Él los usa a todos ellos. Y lo que ellos pueden carecer en perfección, Dios se los da en amor.

Más tarde, Jesús resumió la palabra de Dios y del amor de Dios con una parábola. Contó acerca de un joven que decidió que la vida en la hacienda era demasiado rutinaria para sus gustos, así que con dinero en abundancia, de la herencia recibida, se fue para encontrar la gran vida. Lo que encontró en su lugar fueron vagabundos, amigos falsos y líneas interminables de desempleados. Cuando había llegado al extremo de poner su vida paralela a la de un cerdo, se tragó su orgullo, metió sus manos profundamente en sus bolsillos vacíos, y comenzó el largo viaje de vuelta a casa. Durante todo el camino estaba repasando las palabras que planeaba decir a su padre. Él nunca las usó. Nunca pudo hablar porque justamente cuando llegaba a cima de la colina, su padre, que lo había estado esperando, lo vio. Las palabras de disculpas del muchacho fueron rápidamente apagadas por las palabras de perdón del padre. Y el cuerpo fatigado del muchacho cayó en los brazos abiertos del padre.

Los mismos brazos abiertos que le dieron la bienvenida fueron los que se la habían dado a Abraham, a Moisés, a David y a Jonás. Nada de dedos acusadores, nada de puños cerrados. Nada de «¡yo te lo dije!», o de «¿dónde has estado?» Ninguna de estas preguntas. Nada de brazos cruzados. Nada de ojos penetrantes o labios apretados. No. Sólo brazos abiertos, dulces. Si usted alguna vez se pregunta cómo Él puede usarlo para hacer una diferencia en su mundo, sólo mire a estos que ya han sido usados y anímese. Mire el perdón de esos brazos abiertos y anímese.

Y a propósito, nunca esos brazos abiertos fueron tan abiertos como lo fueron en la cruz romana. Un brazo extendido hacia atrás en la historia y el otro alcanzando al futuro. Un abrazo de perdón ofrecido a cualquiera que viniera. Una gallina abrazando a sus polluelos. Un padre recibiendo a los suyos. Un redentor redimiendo al mundo. Con razón lo llaman el Salvador.

1. Génesis 12:10-20
2. Génesis 20:2

23

Un vendedor callejero llamado Contentamiento

Ahhh... Una hora de contentamiento. Un precioso momento de paz. Unos pocos minutos de relajamiento. Cada uno de nosotros tiene un instante en el cual el contentamiento o la alegría le hacen una visita.

Temprano en la mañana, mientras el café está caliente y alguien más está con sueño.

Tarde en la noche, cuando usted besa los soñolientos ojos de su hijo de seis años.

En un bote en el lago, cuando los recuerdos de una vida bien vivida son revividos.

En la compañía de una Biblia bien usada, desgastada, y aun manchada de lágrimas.

En los brazos de una esposa.

En la cena de Acción de Gracias, o sentado cerca del árbol de Navidad.

Una hora de contentamiento. Una hora cuando los plazos son olvidados y las luchas han cesado. Una hora cuando tenemos las sombras que nosotros queremos. Una hora cuando nos damos cuenta que toda una vida de sudar sangre y de rompernos la cabeza no puede darnos lo que la cruz nos dio en un día: una conciencia limpia y un nuevo comienzo.

Pero desgraciadamente, en nuestra colección de horarios, luchas y miradas de lado, horas como éstas son tan comunes como monos de una sola pierna. En nuestro mundo, el contentamiento es un extraño vendedor callejero, vagando, buscando un hogar, pero que rara vez encuentra una puerta abierta. Este viejo vendedor se mueve lentamente de casa en casa, tocando con los dedos las ventanas, golpeando las puertas, ofreciendo sus mercancías. Una hora de paz, una sonrisa de aceptación, un suspiro de alivio. Pero sus artículos rara vez son adquiridos. Estamos demasiado ocupados para estar contentos. (Lo cual es una locura, puesto que la razón por la que nos matamos ahora es porque pensamos que esto nos contentará mañana). «No ahora, gracias. Tengo mucho que hacer», decimos. «Muchas marcas para ser superadas; demasiados logros para ser alcanzados; demasiados dólares para ser ahorrados; demasiadas promociones para ser logradas. Además, si estoy contento, alguien podría pensar que he perdido mi ambición».

Así es como ese vendedor callejero llamado Contentamiento se mueve. Cuando le pregunto por qué tan pocos le dan la bienvenida en sus hogares, su respuesta me deja convencido: «Yo cobro un precio muy alto, como tú sabes. Mi honorario es excesivo. Yo le pido a la gente que comerciemos con sus agendas, con sus horarios, con sus frustraciones y sus ansiedades. Yo demando que ellos pongan una antorcha a sus días de veinticinco horas y a sus horas sin sueño. Usted pensaría que yo tendría más compradores». Se rascó la barba, y luego añadió pensativamente: «pero la gente parece extrañamente orgullosa de sus úlceras y de sus dolores de cabeza».

¿Puedo decir algo un poco personal? Me gustaría dar un testimonio. Un testimonio vivo. Estoy aquí para decirles que yo le di la bienvenida a este barbado amigo, en mi sala, esta mañana.

No fue fácil.

Mi lista de cosas era, en su mayor parte, de cosas que no estaban hechas. Mis responsabilidades eran una pesada carga como nunca. Llamadas por hacer. Correspondencia por revisar. Cartas por escribir. Cuentas por conciliar.

Pasó una cosa cómica que me hizo quedar en «neutral». Justo cuando estaba levantando los brazos para estirar mi pereza, en el mismo momento en que el viejo motor empezaba a sonar con ese pequeño placer de un bostezo bien logrado, mi hija recién nacida, Jenna, necesitaba ser alzada; tenía dolor de estómago. La madre estaba en el baño, así que le tocó a Papá levantarla.

Ella tiene ahora tres semanas de nacida. Al principio traté de hacer las cosas con una mano y sostenerla con la otra. Ustedes estarán sonriendo. ¿Han tratado también de hacerlo? Cuando me di cuenta de que era imposible, también me di cuenta de que eso no era todo lo que yo debía hacer en esa mañana.

Me senté y la apreté suavemente contra mi pecho. Ella comenzó a relajarse. Un gran suspiro escapó de sus pulmones. Su llanto se convirtió en gorjeos. Se deslizó en mi pecho hasta que su pequeño oído estaba exactamente sobre mi corazón. Sus brazos se relajaron y se durmió.

Fue en ese momento cuando el vendedor callejero golpeó mi puerta.

«Adiós agenda. Te veré más tarde, rutina». «Vuelvan mañana los términos para hacer las cosas...» «Hola, Contentamiento. Entra». Así que aquí nos sentamos: Contentamiento, mi hija y yo. Con la pluma en la mano, escribí en un cuaderno de notas sobre la espalda de Jenna. Ella nunca recordará este momento, ...y yo nunca lo olvidaré. La dulce fragancia de un momento capturado colma la habitación. El sabor de una oportunidad lograda endulza mi boca. La luz del sol de una lección aprendida ilumina mi entendimiento. Este es un momento que nunca desapareció.

¿Las tareas? Tendrán que hacerse. ¿Las llamadas? Se harán. ¿Las cartas? Se escribirán. ¿Y sabe qué? Todas estas cosas se harán con una sonrisa.

No hago esto lo suficiente, pero estoy tratando de hacerlo más. En efecto, estoy pensando en darle a ese vendedor callejero una llave de mi puerta. «A propósito, Contentamiento, ¿qué vas a hacer esta tarde?»

24

Cerca de la cruz, pero lejos de Cristo

Había algunos jugadores de dados que estaban al pie de la cruz. Imaginen esta escena. Los soldados están sentados en un círculo, los ojos miraban hacia abajo. El criminal allí arriba sobre ellos es olvidado. Juegan por algunos vestidos usados, la túnica, el manto, las sandalias, todo eso es para apropiarse. Cada soldado echa su suerte en la dura tierra, esperando aumentar su guardarropa a expensas de un carpintero muerto en la cruz.

Me he preguntado quién podrá haber visto esa escena con Jesús. ¿Qué pensaba mientras miraba hacia abajo, hacia sus ensangrentados pies en el círculo de los jugadores? ¿Qué emociones sentía? Debe haber estado sorprendido. Aquí están esos soldados comunes, contemplando el evento más extraordinario del mundo y ellos no lo saben. Hasta donde se dan cuenta, esta es otra mañana de viernes, y Él es nada menos que otro criminal. «¡Ve, apresúrate; es mi turno!»

«Muy bien, muy bien. Este tiro va por las sandalias».

Lanzando suertes por las posesiones de Cristo. Las cabezas inclinadas. Los ojos hacia abajo. La cruz olvidada.

El simbolismo es impactante. ¿Lo ven ustedes?

Esto me hace pensar en nosotros. Los religiosos. Aquellos que reclamamos la herencia de la cruz. Estoy pensando en todos nosotros. Todos los creyentes en la tierra. Los que no les importa. Los perdidos. Los estrictos. Los simples. La iglesia más grande. La iglesia más pequeña. Los «llenos del espíritu». Milenialistas. Evangélicos. Políticos. Místicos. Literales. Cínicos. Mantos. Collares. Trajes de tres piezas. Nacidos de nuevo. Usuarios de amenes.

Estoy pensando en nosotros.

Estoy pensando que no somos tan diferentes de aquellos soldados. (Siento mucho decirlo). Nosotros también jugamos dados al pie de la cruz. Competimos por miembros. Jugamos por el estatus. Impartimos juicios y condenas. Competencia. Egoísmo. Ganancia personal. Todo está allí. No nos gusta lo que el otro hizo, así que tomamos la sandalia que ganamos y nos alejamos en un santiamén.

Tan cerca del madero, sin embargo, tan lejos de la sangre.

Estamos muy cerca del mayor acontecimiento del mundo, pero actuamos como comunes jugadores de juegos de azar. Amontonados en grupos que altercan y pelean por millones sin importancia.

¿Cuántas horas de púlpito han sido desperdiciadas predicando lo trivial? ¿Cuántas iglesias han caído en la agonía de lo insignificante y lo minúsculo? ¿Cuántos líderes no han podido controlar su enojo y han sacado sus espadas de amargura y se han lanzado en batalla contra los hermanos por asunto que no vale la pena discutir?

Tan cerca de la cruz pero tan lejos de Cristo.

Nos especializamos en competencias de «yo soy bueno». Escribimos libros sobre lo que los otros hacen mal. Somos especialistas en encontrar chismes y llegamos a ser expertos en descubrir debilidades. Lo partimos en pequeños montoncitos y luego, Dios prohíbe, lo partimos otra vez.

Otro nombre, otra doctrina, otro «error». Otra denominación. Otro juego de póker. Nuestro Señor debe estar sorprendido.

«Aquellos soldados egoístas, sonreímos sarcásticamente con nuestros pulgares en la solapa. «Estaban tan cerca de la cruz y sin embargo tan lejos de Cristo. Y ¿somos diferentes? Nuestras divisiones son tan numerosas que no podemos ser catalogados. ¡Hay tantas ramas que aun ellas tienen otras ramas!

Y ahora... realmente.

¿Son nuestras diferencias ese divisor? ¿Son nuestras opiniones esa obstrucción? ¿Son nuestras paredes de esa anchura? ¿Es imposible encontrar una causa común?

«Que sean uno, oró Jesús». Uno. No uno en grupos de dos mil. Sino uno en una. Una Iglesia. Una fe. Un Señor. No bautistas, no metodistas, no adventistas. Sólo cristianos. No denominaciones. No jerarquías. No tradiciones. Sólo Cristo.

¿Demasiado idealista? ¿Imposible de alcanzarlo? No lo creo. Cosas más difíciles han sido hechas, como ustedes saben. Por ejemplo, una vez, sobre un madero, un Creador dio su vida por su creación. Tal vez todo lo que necesitamos son unos pocos corazones que quieran seguir la súplica.

¿Cuál es su caso? ¿Puede usted construir un puente? ¿Tender una cuerda? ¿Cruzar un abismo? ¿Orar por unidad? ¿Puede usted ser el soldado que se golpea sus sienes, salta sobre sus pies, y nos recuerda al resto de nosotros: «¡Hey! ¡Ese es Dios en la cruz!» La similitud entre el juego del soldado y el juego nuestro es algo que asusta. ¿Qué pensó Jesús? ¿Qué piensa ahora? Todavía hay un jugador continuando con su juego, ...y está al pie de la cruz.

25

La niebla del corazón roto

La niebla del corazón roto.

Es una neblina oscura que apresa sigilosamente el alma y le impide un fácil escape. Es una silenciosa neblina que eclipsa el sol y acentúa las tinieblas. Es una nube pesada que no respeta hora ni persona. Depresión, desaliento, desilusión, duda... son los compañeros de esta miedosa presencia.

La niebla del corazón roto desorienta nuestra vida. Hace difícil ver el camino. Apaga las luces. Empaña el parabrisas. Baja lentamente. Haga lo que usted quiera, nada sirve. Cuando esta niebla nos envuelve, nuestra visión es bloqueada y mañana es un para-siempre lejos. Cuando esta viscosa negrura nos envuelve, las más ardientes palabras de ayuda y esperanza no son sino frases vacías.

Si usted ha sido traicionado por un amigo, sabe lo que quiero decir. Si usted ha sido dejado por una esposa, o abandonado por un padre, usted ha visto esta niebla. Si alguna vez ha echado un puñado de tierra sobre el féretro de un ser querido o se ha mantenido vigilante cerca de la cama de un ser querido, usted también reconoce esta nube. Si está —o ha estado— en esta niebla, puede tener algo por seguro: no se encuentra solo. Aun el más avezado de los capitanes del mar ha perdido sus rutas por la aparición de esta nunca

113

—querida nube. Como el comediante dijo: «Si los corazones rotos fueran anuncios comerciales, todos estaríamos en la televisión».

Piense en los últimos dos o tres meses pasados. ¿Cuántos, corazones rotos encontró? ¿Cuántos espíritus heridos contempló? ¿Cuántas historias de tragedias leyó?

Mi propia reflexión es sobria:

La mujer que perdió su esposo y su hijo en
    un accidente automovilístico.
La atractiva madre de tres hijos que fue
    abandonada por su esposo.
El niño que fue golpeado y aplastado por
    un camión de basura que pasaba en
    el momento que él bajaba del bus escolar.
    Su madre, que estaba esperándolo,
    vio la tragedia.
Los padres que encontraron a su joven hijo
    muerto en el bosque detrás de su casa.
    Se había ahorcado con su propio cinturón.

La lista continúa, y continúa, y continúa ¿verdad? Tragedias en la niebla. ¡Cómo enceguecen nuestra visión y destruyen nuestros sueños! Olvide cualquier gran esperanza de alcanzar el mundo. Olvide cualquier plan de cambiar la sociedad. Olvide cualquier aspiración de mover montañas. Olvide todo eso. Sólo ayúdeme, por favor, a vivir y caminar a través de la noche!

El sufrimiento de un corazón roto.

Vaya conmigo por un momento a mirar lo que era tal vez la noche más nublada de la historia. La escena es muy simple; la reconocerá rápido. Una tumba de torcidos árboles de olivo.

Terreno cubierto con grandes rocas. Una cerca de rocas bajas. Una noche oscura.

Ahora mire el cuadro. Observe con detenimiento a través del follaje lleno de sombras. ¿Ve esa persona? ¿Ve esa figura solitaria? ¿Qué está haciendo? Está en el suelo. La cara está sucia por la tierra y las lágrimas. Puños golpeando la dura tierra. Ojos abiertos con un expresión de miedo. Pelo enmarañado con el sudor salado. ¿Es sangre lo que hay en su frente?

Ese es Jesús. Jesús en el jardín de Getsemaní.

Tal vez usted ha visto el clásico retrato de Cristo en el jardín. Arrodillado junto a una gran roca. Cubierto con un manto blanco como la nieve. Las manos pacíficamente dobladas en oración. Una mirada de serenidad en su rostro. Un halo sobre su cabeza. Un rayo de luz bajando desde el cielo e iluminando su dorado pelo castaño. Ahora bien, yo no soy artista, pero puedo decirle una cosa. El hombre que pintó ese cuadro no usó el evangelio de Marcos como patrón. Mire lo que Marcos escribió acerca de esa dolorosa noche:

> *«Vinieron, pues, a un lugar que se llama Getsemaní, y dijo a sus discípulos: sentaos aquí, entre tanto que yo oro. Y tomó consigo a Pedro, a Jacobo y a Juan, y comenzó a entristecerse y a angustiarse. Y les dijo: mi alma está muy triste, hasta la muerte; quedaos aquí y velad. Yéndose un poco adelante, se postró en tierra, y oró que si fuese posible, pasase de él aquella hora. Y decía: Abba, Padre, todas las cosas son posibles para ti; aparta de mí esta copa; mas no lo que yo quiero, sino lo que tú. Vino luego y los halló durmiendo; y dijo a Pedro: Simón, ¿duermes? ¿No has podido velar una hora? Velad y orad, para que no entréis en tentación; el espíritu a la verdad está dispuesto, pero la carne es débil. Otra vez fue y oró, diciendo las mismas palabras.*
>
> *Al volver, otra vez los halló durmiendo, porque los ojos de ellos estaban cargados de sueño; y no sabían qué responderle.*
>
> *Vino la tercera vez y les dijo: Dormid ya, y descansad. Basta, la hora ha venido: he aquí, el Hijo del Hombre es entregado en manos de los pecadores. Levantaos, vamos; he aquí, se acerca el que me entrega»*[1]

Pongan atención a estas frases: «Y comenzó a entristecerse y a angustiarse». «Mi alma está muy triste». «Yéndose un poco adelante se postró en tierra y oró».

¿Luce esto como la pintura de un Jesús santamente descansando en la palma de Dios? Difícilmente. Marcos usó pintura negra para describir esta escena. Vemos a un agonizante, sufriente, triste y angustiado Jesús. Vemos a un «varón de dolores».[2]

Vemos a un hombre luchando con el temor, luchando con los compromisos, y anhelando alivio.

Vemos a Jesús en la niebla de un corazón roto.

El escritor de Hebreos escribiría más tarde: «Y Cristo, en los días de su carne, ofreciendo ruegos y súplicas, con gran clamor y lágrimas al que lo podía librar de la muerte...».

¡Dios mío! ¡Qué retrato! Jesús está en dolor. Jesús está en la plataforma del temor. Jesús está cubierto, no en santidad sino en humanidad.

La próxima vez que la niebla lo encuentre, usted haría bien en recordar a Jesús en el jardín. La próxima vez que usted piense que nadie entiende, vuelva a leer el capítulo catorce de Marcos. La próxima vez que su autocompasión lo convenza de que nadie se preocupa, haga una visita al Getsemaní. Y la próxima vez que usted se pregunte si Dios realmente percibe el dolor que prevalece en este polvoriento planeta, escúchelo suplicar entre los árboles torcidos.

Este es mi argumento. Ver a un Dios como este nos hace maravillarnos de nuestro propio sufrimiento. Dios nunca fue más humano que en esta hora. Dios nunca estuvo más cerca de nosotros que cuando sufrió. La Encarnación nunca fue tan cumplida como en el jardín.

Como resultado, el tiempo pasado en la niebla del dolor podría ser el más grande don de Dios. Podría ser la hora en la cual finalmente vemos a nuestro Hacedor. Si es verdad que en el sufrimiento Dios es más semejante al hombre, tal vez en nuestro sufrimiento podamos ver a Dios como nunca antes.

La próxima vez que usted sea llamado a sufrir, preste atención. Puede que esté lo más cerca que nunca ha estado de Dios. Obsérvelo muy de cerca. Podría muy bien ser que la mano que se extiende hacia usted para sacarlo de la niebla sea una mano horadada.

1. Marcos 14:32-42

2. Isaías 53:3

3. Hebreos 5:7

26

¿Pâo, senhor?

No debe haber tenido más de seis años. Cara sucia, descalzo, su camiseta rasgada, el pelo rizado. No era muy diferente de los otros cientos de miles de huérfanos callejeros que pululan en Río de Janeiro.

Me dirigía a tomar una taza de café en algún lugar cercano cuando él vino detrás de mí. Con mis pensamientos en alguna parte entre la tarea que había terminado y la clase que iba a enseñar, casi no sentí el «tap, tap, tap» en mi mano. Me detuve y giré para mirar. No viendo a nadie, continué. Había dado sólo unos pocos pasos, cuando sentí otro insistente «tap, tap, tap». Esta vez me detuve y miré hacia abajo. Allí estaba. Sus ojos parecían más blancos debido a sus mejillas oscuras y a su pelo negro como el carbón.

«¿Pâo, senhor?» («¿Pan, señor?»)

Viviendo en Brasil, uno tiene oportunidades diarias de comprar un dulce, una barra de chocolate o un emparedado para estos pequeños desamparados. Es lo menos que uno puede hacer. Le dije que viniera conmigo y entramos a una cafetería. «Café para mí y algo sabroso para mi pequeño amigo». El muchacho corrió al mostrador de la pastelería e hizo su elección. Normalmente estos muchachitos toman el alimento y se dan la vuelta hacia la calle y se van sin decir una palabra. Pero este pequeño me sorprendió.

Esa cafetería tenía un mostrador grande. Uno de los extremos estaba destinado a la pastelería, y el otro para servir café. Mientras el muchacho escogía, fui al otro extremo del mostrador y comencé a tomar mi café. Justamente cuando trataba de traer nuevamente el descarrilado tren de mis pensamientos a los rieles, lo vi de nuevo. Estaba parado en la entrada del café, de puntillas, pan en mano, mirando a la gente. «¿Qué está haciendo?», pensé. Entonces él me vio y corrió en mi dirección. Vino y se paró frente a mí con los ojos al nivel de la hebilla de mi cinturón. El pequeño huérfano brasileño miraba para arriba al alto misionero americano, sonrió con una sonrisa que hubiera capturado el corazón de cualquiera y dijo: «Obrigado» («Gracias»). Luego, rascándose nerviosamente la parte de atrás del tobillo con el dedo grande del otro pie, añadió: «Muito obrigado» («Muchas gracias»).

Todo fue repentino, tuve un loco deseo de comprarle todo el restaurante.

Pero antes de que pudiera decir algo, se dio la vuelta y escapó por la puerta.

Mientras escribo esto, estoy todavía en el café. Mi café está frío, estoy atrasado para mi clase, pero aún tengo la sensación que sentí hace media hora. Y estoy haciéndome esta pregunta: Si me siento conmovido ante un huérfano callejero que me agradece un pedazo de pan, ¿cuánto más se conmueve Dios en el momento en que hago una pausa para agradecerle —realmente agradecerle— por salvar mi alma?

27

Cachorritos, mariposas, y un Salvador

Cuando andaba por mis diez años tenía una perrita llamada
Tina; a usted le hubiera encantado. Era el perfecto perrito
casero. Un irresistible cachorro pequinés con la nariz aplastada.
Una oreja caída y la otra levantada. Nunca se cansaba de jugar y
nunca se fue a la calle. Su madre murió al nacer ella, de manera que
el cuidado de la perrita recayó sobre mí. La alimentaba con leche,
utilizando una botella de muñecas. También acostumbraba sacarla
por la noche para ver si ella tenía alguna necesidad. Nunca olvidaré
la noche en que la llevé a la cama conmigo, sólo para obtener su
suciedad en mi almohada. Hacíamos una buena pareja. Fue mi
primer roce con la paternidad.

Un día entré al patio trasero para alimentar a Tina. La busqué
alrededor y la encontré en una esquina de la cerca. Había acorralado
a una mariposa (tanto como se puede acorralar a una mariposa) y
jugaba saltando y brincando en el aire, tratando de atraparla con su
boca. Sorprendido, la observé por unos pocos minutos y luego la
llamé.

«¡Tina! ¡Ven acá, muchacha! ¡Es hora de comer!»

Lo que pasó después me sorprendió. Tina dejó de jugar y me miró. Pero en lugar de correr inmediatamente en mi dirección, se sentó sobre sus patas traseras. Entonces comenzó a mover su cabeza para atrás hacia la mariposa, luego hacia adelante para mirarme a mí, nuevamente para atrás mirando a la mariposa y de nuevo adelante para mirarme a mí. Por primera en su vida ella tuvo que tomar una decisión.

Su «yo quiero» anhelaba perseguir la mariposa que la esperaba volando frente a ella. Su «debo» sabía que supuestamente debía obedecer a su amo. Una clásica lucha de la voluntad. Una guerra entre el «quiero» y el «debo». Mi perrita afrontaba la misma situación que ha afrontado cada adulto.

¿Saben ustedes lo que hizo? ¡Persiguió la mariposa! Ladrando y saltando, ignoró mi llamado y persiguió a esa cosa tonta hasta que voló sobre la cerca.

Entonces fue allí cuando sintió la culpa.

Se detuvo en la cerca por un buen rato, sentada en las piernas traseras, mirando por donde la mariposa había volado. Lentamente, la excitación de la persecución fue desapareciendo a medida que crecía la culpa por la desobediencia.

Dio la vuelta dolorosamente y caminó a encontrarse con su dueño. (Para ser honesto, yo estaba un poco enfadado.)

Tenía su cabeza agachada mientras cruzaba penosa y tristemente el patio.

Se sintió culpable por primera vez en su vida.

Había violado su «debo» y caído en su «quiero». Mi corazón se enterneció, y la llamé por su nombre otra vez. Sintiéndose perdonada, Tina saltó a mis manos. (Siempre fui una persona débil.)

Ahora, tal vez estoy exagerando un poco. No sé realmente si un perro puede o no sentirse culpable. Pero sé que un ser humano sí puede. Y, los efectos son los mismos, ya sea que el pecado sea tan leve como perseguir una mariposa o tan grave como acostarse con la esposa de otro hombre.

La culpa se introduce en las uñas del gato y roba cualquier alegría que pudo haber asomado en nuestros ojos. La confianza es reemplazada por la duda y la racionalización saca a codazos la honestidad. Se va la paz. Entra el conflicto. Cuando cesa el placer de la indulgencia, empieza el anhelo de alivio.

Nuestra visión es opacada y nuestra vida miope no tiene sino un solo propósito: encontrar alivio para nuestra culpa. O como Pablo nos interroga: «¡Miserable de mí! ¿Quién me librará de este cuerpo de muerte?»[1]

Esta no es una pregunta nueva. Uno difícilmente abre la Biblia antes de encontrar a la humanidad compitiendo, o más frecuentemente, fracasando frente a la culpabilidad. La rebelión de Adán y Eva los llevó a avergonzarse y esconderse. Los celos de Caín lo llevaron al asesinato y al destierro. Y pronto, toda la raza humana estaba afligida. Abundó el mal y la gente creció malvada. El corazón del hombre se volvió tan frío que nunca más buscó alivio a su encallecida conciencia. Y, en el que debe ser el más temeroso versículo de la Biblia, Dios dice que se arrepintió de haber hecho hombre en la tierra y le dolió en su corazón.[2]

Todo esto por la incapacidad del hombre de hacerle frente al pecado.

Si tan sólo tuviéramos un riñón que pudiera filtrar la culpa de nuestros errores, o un borrador interno que nos ayudara a vivir con nosotros mismos. Pero no los tenemos. En realidad ese es precisamente el problema.

El hombre no está en condiciones de enfrentar solo al sentimiento de culpa.

Cuando Adán fue creado, fue hecho sin la habilidad de enfrentar la culpabilidad. ¿Por qué? Porque no fue hecho para cometer equivocaciones. Pero cuando las cometió, no tuvo manera de tratar con ellas. Cuando Dios lo buscó para ayudarlo, Adán cubrió su desnudez y se escondió avergonzado.

El hombre no puede tratar con su culpabilidad por sí mismo. Tiene que recibir ayuda externa. Con el fin de perdonarse a sí mismo tiene que recibir el perdón de aquél a quien ofendió. No obstante, es indigno de pedir perdón a Dios.

Esa es entonces la completa razón para la cruz.

La cruz hizo lo que los corderos sacrificados no podían hacer. Borró nuestros pecados, no por un año, sino por toda la eternidad. La cruz hizo lo que el hombre no podía hacer. Nos concedió el derecho de hablar con amor, y aun de vivir con Dios.

Usted no puede hacer eso por sí mismo. No importa a cuántos servicios de adoración asista o buenas obras haga, su bondad es insuficiente. Usted no puede ser lo suficientemente bueno para merecer perdón. En fútbol, nadie hace dos goles con la misma patada. Nadie derriba trescientos en los bolos. Nadie. Ni usted, ni yo, ni nadie.

Por eso es que tenemos culpabilidad en el mundo.

Por eso es que necesitamos un salvador.

Usted no puede perdonar mis pecados ni yo puedo perdonar los suyos. Dos muchachos en un pozo de barro no pueden limpiarse uno al otro. Necesitan de alguien limpio. De alguien sin mancha. Nosotros también necesitamos de alguien limpio.

Por eso es que necesitamos un salvador.

Lo que mi perrita necesitaba era precisamente lo que usted y yo necesitamos: un maestro que extendiera sus manos y nos dijera: «Ven; todo está bien». No necesitamos un maestro que nos juzgue por lo que hemos hecho; de lo contrario caeríamos lastimosamente. Tratar de conseguir el cielo con nuestra propia bondad es como tratar de llegar a la luna en un rayo de luna; linda idea, pero inténtela y vea lo que sucede.

Escuche. Deje de tratar de extinguir su propia culpabilidad. Usted no puede hacerlo. No hay manera. No puede hacerlo con una botella de licor ni con la perfecta asistencia a la escuela dominical. Lo lamento. No importa cuán malo sea. No puede ser lo suficientemente malo para olvidarlo. Y no importa cuán bueno sea. Usted no puede ser lo suficientemente bueno para pasarlo por alto.

Usted necesita un Salvador.

1. Romanos 7:24
2. Génesis 6:6

28

El testimonio de Dios

A unque la pequeña granja estaba sólo a dos horas en automóvil, estaba por lo menos a un siglo de distancia en el tiempo. Mi amigo Sebastâo me había invitado a su pueblo natal de Marecá, un punto en el camino a cien kilómetros de Río de Janeiro. Era un trabajador de veintiséis años de edad, quien había visitado nuestra congregación y participaba en un estudio bíblico. De hablar lento, alto, desgarbado; este tipo no era lo que llamaríamos una persona sofisticada. Era lo suficientemente honesto, simple y rápido para sonreír, sin ninguna raíz en la jungla ciudadana.

Me complació la oportunidad de ver algo del campo brasileño. Lo que yo no sabía, sin embargo, era que iba a aprender una lección de fe.

Pude sentir que los músculos de mi nuca se relajaban apenas salí de Río y de su contaminada guerra de tráfico, a medida que miraba en el espejo retrovisor. Mi pequeño Volkswagen rodaba muy bien por los pintorescos caminos que cruzaban las colinas. El escenario no era diferente a la región de «Bluegrass» en Kentucky; dotada de ricos, espesos y verdes pastizales, valles generosos y amigables laderas con Herefords pastando.

Pronto nos salimos de la autopista a una carretera de dos vías; luego, después de media docena de «mantenga su derecha» y «permanezca en su izquierda» fuimos a desembocar en un angosto camino más descampado.

—Normalmente vengo en bus —explicó Sebastâo—. A menudo debo caminar este tramo.

No era un «tramo». Fueron por lo menos unas cuatro millas en que nos sacudimos en ese difícil y extraño campo polvoriento. En el proceso pasamos a un muchacho que llevaba dos bidones de leche encima de una mula.

—Ese es mi primo —dijo Sebastâo—. Él viene todas las mañanas y nos trae leche fresca.

El delgado camino nos condujo a través de una miríada de colores, mientras que los blanquecinos troncos de los eucaliptos parecían velas en un inmenso pastel de hierba verde oscura. El cielo brasileño estaba brillantemente azulado y las colinas de color rojizo.

—¡Deténgase aquí! —me dijo.

Frené en frente a una enorme puerta de madera suspendida entre dos postes de cerca.

—Sólo un segundo y abriré la puerta.

Si yo creía que el camino que habíamos tomado era «insinuado», el otro que nos condujo desde la puerta hasta la casa era «invisible». Me quedé pensando en cómo hubiera necesitado un jeep para ese lugar. Mientras rebotábamos en medio de la hierba, nos deslizábamos entre los arbustos, arrastrándonos entre los árboles, hasta que finalmente apareció un claro seguido de una vieja casa de estuco.

El padre de Sebastâo nos esperaba; el Sehor José». A decir verdad, él no representaba los setenta y tantos años que tenía. Sus ojos estaban cubiertos por la sombra de un viejo sombrero de paja. Al vernos nos sonrió con una boca sin dientes. Su pronunciado y bronceado pecho y su estrecha cintura eran testimonio de miles de horas de cosechar y plantar. Los pies planos y desnudos tenían el mismo color de la tierra, y sus manos eran rudas y gruesas.

—¡Qué bueno tenerlos aquí! —nos dio la bienvenida.

Ustedes podrían decirme qué quiso decir.

La casita me hizo pensar en los cuadros que había visto en los Estados Unidos durante la época de la depresión. Apagadas lámparas de querosén (no había electricidad). Palanganas de agua para asearse (no había agua corriente). Alineados en la pared se veían gastadas azadas, palas y picos (no había tractores ni equipo moderno). La cocina era una choza separada, a la que se llegaba por la puerta frontal de la casa. Me intrigó la cocina. Estaba construida de barro duro y cocido, moldeado en una angosta y larga pieza de aproximadamente metro y medio de largo por un metro de alto. Habían unos diez o quince centímetros desde abajo hasta el hueco donde se colocaba la madera. Las siempre presentes ollas para cocinar los frijoles y el arroz colgaban a horcajadas sobre el caliente hueco. Me sentí muy lejos de Río de Janeiro.

El «Senhor José», me llevó en un recorrido a través de este segmento del mundo. Por treinta y siete años él había arado y cultivado esta media hectárea. Era obvio que conocía cada hueco y cada recodo.

—Alimento a catorce bocas de esta tierra —sonrió, señalando una planta de lechuga—. ¿De dónde dice usted que es?

—De los Estados Unidos.

—Y, ¿qué hace aquí?

Le expliqué un poco acerca de mi trabajo. No respondió pero me condujo a un pequeño riachuelo donde se sentó en una roca y comenzó a desvestirse.

—¿Va a tomar un baño, papá? —preguntó Sebastâo.

—Sí, es sábado.

—Bien, nos veremos entonces de regreso en la casa.

Sebastao me condujo a través de un sembradío de caña de azúcar, donde cortó un pedazo, lo peló y me dio. Volvimos a la casa y nos sentamos afuera, en la mesa del comedor. Los bancos estaban suavemente gastados por decenios de uso.

Aproximadamente al mismo tiempo «el senhor José» apareció usando pantalones limpios, sin sombrero y con el cabello húmedo.

Aunque no habíamos estado juntos por una media hora, él recomenzó la conversación exactamente donde la habíamos dejado (usted podría decir en qué había estado pensando).

—¿Un misionero, eh? Su trabajo debe ser muy fácil.

—¿Cómo es eso? —pregunté.

—Yo no tengo problema en creer en Dios. Después de ver lo que él ha hecho en mi finquita, año tras año, es fácil creer.

Sonrió mostrando su desdentada boca y pidió a gritos a su esposa que nos trajera frijoles.

Cuando manejábamos de regreso a casa, no pude dejar de pensar en «el senhor José». ¡Dios mío! ¡Qué vida tan sencilla!

Ningún problema de tráfico, ningún horario de aerolíneas o largas colas. Viviendo tan lejos de Wall Street, de los inspectores de impuestos y de las hipotecas. Despreocupado de la "teología Johannine", de Martín Lutero o de las evidencias cristianas.

Pensé en su fe, en su habilidad para creer y en su sorpresa de que hubiera alguien que no creyera. Comparé su fe con la de otros que habían tenido más dificultades en creer; un estudiante universitario, un acaudalado importador y exportador, un ingeniero. Había gran diferencia entre José y los otros. Su fe estaba enraizada en los sencillos milagros que veía diariamente:

Una semillita convirtiéndose en un erguido árbol.

Un delgado tallo brotando de la tierra.

Un arco iris en medio de la tempestad.

Creer era fácil para él. Puedo ver por qué. Alguien que contempla el diario despliegue de la majestad de Dios no encuentra el secreto de la Pascua como algo absurdo. Alguien que depende de los misterios de la naturaleza para su subsistencia no encuentra dificultad alguna en depender de un Dios al que no ve para su salvación.

—La naturaleza —escribió Jonathan Edwards,—es el más grande evangelista de Dios.

—La fe —escribió Pablo,—no está fundada en la sabiduría de los hombres, sino en el poder de Dios.[1]

—El testimonio de Dios —escribió David,—hace sabio al sencillo.[2]

El testimonio de Dios. ¿Cuándo fue la última vez que usted lo vio? Un paseo a través del pastizal que le llega a la rodilla en la verde pradera. Una hora escuchando a las gaviotas o mirando las conchas en la playa. O contemplando los reflejos de la luz del sol brillando en la nieve en un amanecer de invierno. Los milagros que casi se comparan en magnitud con los de la tumba vacía suceden a nuestro alrededor. Sólo tenemos que prestarles atención.

El viejo agricultor brasileño me dio un principio comprobado por el tiempo para llevarme a casa. Me recordó que hay un cierto entendimiento de Dios en la cruz que viene sólo de contemplar su diario testimonio. Allí viene un tiempo cuando debemos dejar a un lado nuestros lápices y comentarios, y salir de nuestras oficinas y bibliotecas. Para comprender y creer realmente en el milagro de la cruz haríamos bien en testificar diariamente los milagros de Dios.

1. I Corintios 2:5, paráfrasis del autor.
2. Salmos 19

29

Decisiones dinamita

Todavía me río cuando pienso en el chiste que oí acerca del vigilante que aprendió una rápida lección de pesca.

Según parece, él notó cómo un particular sujeto llamado Sam siempre agarraba más peces que los demás. Mientras que los otros pescadores pescaban sólo tres o cuatro peces al día, Sam volvía del lago con el bote lleno. Lanzamiento tras lanzamiento, la red siempre estaba repleta de frescas truchas.

El vigilante, curioso, le preguntó a Sam cuál era su secreto. El exitoso pescador lo invitó a que lo acompañara y a que observara. Por lo tanto, la mañana siguiente los dos se encontraron en el muelle y subieron al bote de Sam. Cuando llegaron a la mitad del lago, detuvieron el bote y el vigilante se relajó para ver cómo Sam lo hacía.

La actuación de Sam era sencilla. Sacó un taco de dinamita, lo encendió y lo arrojó al aire. La explosión impactó el lago con una fuerza tal que los peces muertos empezaron inmediatamente a flotar en la superficie. Sam tiró la red y empezó a recogerlos.

Bien, usted puede imaginarse la reacción del vigilante. Cuando se recobró de la sorpresa, empezó a gritarle a Sam. «¡Usted no puede hacer esto! ¡Lo llevaré a la cárcel, compañero! ¡Pagará por todas las multas que hayan en el reglamento!» Mientras tanto, Sam dejó la red en el fondo del bote y sacó otro taco de dinamita. Lo encendió y lo arrojó al mismo tiempo que se dirigía al vigilante con estas palabras: «¿Se va a quedar allí sentado todo el día quejándose, o va a pescar?»

El pobre vigilante fue obligado a tomar una rápida decisión. En un segundo fue impelido a cambiar, de un observador a un participante. ¡Allí tenía que tomar una decisión «explosiva», y rápidamente!

La vida es parecida a eso. Son pocos los días que pasan desapercibidos, sin que tengamos que enfrentarnos cara a cara con una ininvitada, inesperada y hasta inevitable decisión. Como un castillo de naipes, estas decisiones nos hacen desplomar sin ninguna advertencia. Nos desorientan y confunden. Rápidamente. Inmediatamente. De repente. Sin consejo, ni estudio, ni aviso. ¡Paf! De una manera repentina usted es lanzado al aire de la incertidumbre, y sólo el instinto determinará si usted aterrizará de pie.

¿Quiere un buen ejemplo? Observe a los tres apóstoles en el jardín. Suena como si duermen. Cansados por una abundante cena y por una ocupada semana, con los párpados demasiado pesados, son despertados por Jesús sólo para caer de nuevo en la tierra de los sueños. La última vez, sin embargo, son despertados por Jesús y el retintín de espadas, el brillo de las antorchas y las ruidosas voces.

«¡Allá está!» «¡Agárrenlo!»

Un alarido. Un beso. Un arrastrar de pies. Una pequeña escaramuza. De repente todo es tiempo de decisión. Sin tiempo para conferenciar. O para orar. O para meditar o consultar con amigos. Decisión.

Pedro lo hizo. Saca la espada. Cae la oreja. Jesús lo recrimina. ¿Ahora qué?

Marcos, quien aparentemente fue un joven testigo, escribió estas palabras: «Entonces todos los discípulos, dejándole, huyeron».

Esa es una forma delicada de decir que ellos corrieron como ratones asustados. ¿Todos ellos? Todos ellos. ¿También Pedro? Sí; también Pedro. ¿Santiago? Sí; Santiago. ¿Juan? ¿Juan, el amado? Sí; Juan también huyó. Todos lo hicieron. La decisión les vino como un fantasma de «halloween», y escaparon rápidamente. Lo único que era más veloz que sus pies era su pulso. Todas aquellas palabras de lealtad y compromiso fueron dejadas atrás como una nube de polvo.

Pero antes que juzguemos muy duramente a estos «seguidores velocistas», analicémonos a nosotros mismos. Posiblemente usted mismo haya estado en el jardín de la decisión unas pocas veces. ¿Se ha visto desafiada su lealtad? ¿Ha pasado alguna vez por esta trampa del demonio?

Para el adolescente podría ser un hecho sin importancia. Para el comerciante podría ser la oportunidad de hacerse a un poco de dinero efectivo «por debajo de la mesa». Para la esposa podría constituir una oportunidad de dar un «par de mordidas» al jugoso chisme. Para el estudiante podría ser la oportunidad de mejorar su calificación mirando el examen de su compañero. Para el esposo podría significar un impulso de alterarse frente a los gastos de su esposa. En un minuto nos encontramos hablando de pesca en un pacífico bote en el lago, y en el siguiente tenemos un taco de dinamita en las manos.

Más a menudo de lo que parece, el final resulta ser una catástrofe. En vez de desconectar tranquilamente la bomba, la dejamos explotar. Nos encontramos haciendo justamente aquello que detestamos. Nuestro yo niño nos impulsa hacia adelante; incontrolados y sin freno, y nuestro yo adulto nos sigue desde atrás, meneando la cabeza.

Ahora, no necesariamente tiene que ser así. Jesús no se aterrorizó. Él oyó también las espadas y vio los garrotes, pero no perdió la cabeza. ¡Y ésa era la cabeza que los romanos querían!

Releyendo la escena del jardín podemos darnos cuenta por qué. Un juicio emitido por nuestro Maestro nos ofrece dos herramientas básicas para mantenernos con frialdad en medio del calor de una decisión. «Velad y orad para que no entréis en tentación».[2]

La primera herramienta es: «Velad». No les llegó nada más práctico que esto. Velad. Permaneced alerta. Mantengan abiertos los ojos. Cuando vea venir el pecado, evítelo. Cuando anticipe un encuentro peligroso, vuélvase. Cuando sienta tentación, tome otro camino.

Todo lo que Jesús está diciendo es: «¡Presten atención!» Usted conoce sus debilidades. Además conoce las situaciones en las cuales sus debilidades son más vulnerables. Manténgase alejado de aquellas situaciones. Asientos traseros. Horas avanzadas. Clubes nocturnos. Juegos de póker. Partidas de Bridge. Teatros. Ciertas películas. Cualquier cosa que le dé entrada a Satanás en su vida, manténgase alejado de aquello. ¡Tenga cuidado!

La segunda herramienta es: «Orar». Pero orar no es decirle a Dios nada nuevo. No hay ningún pecador ni un santo que pueda sorprenderlo. Lo que hace la oración es invitar a Dios a caminar con nosotros los sombreados senderos de la vida. Orar es pedir a Dios que mire adelante de nosotros para ver si hay árboles caídos o peñascos derribados y ayudarnos a pasarlos, guardando nuestra espalda de los dardos de fuego del maligno.

«Velad y orad». Buen consejo. Aceptémoslo. Podría ser la diferencia entre un día tranquilo en el lago y un taco de dinamita explotando en nuestra cara.

1. Marcos 14:50
2. Marcos 14:38

30

¿Qué esperó usted?

M i primera dificultad con las expectativas vino cuando yo era un pecoso y pelirrojo alumno de cuarto grado. Todo tuvo que ver con mi primera enamorada: Marlene. ¡Hombre, yo estaba a gusto con Marlene! Ella era la reina de reinas. Como ninguna otra, ella podía revolver mi cabeza y hacer que el pulso se me acelerara. Quizás debe haber sido hipnotizadora, porque cuando yo estaba con ella todo lo que podía hacer era sonreír. Mirarla y sonreír. No había palabras. No había diálogo. Tan sólo la mirada de un «enamorado» muchacho baboso de diez años.

Entonces un día ella consintió en «salir conmigo» (o en palabras de adultos, ser mi novia). ¡Wau! Fuegos artificiales, música, estrellas. ¡Que la banda toque: «Su Alteza, soy suyo»!

Sólo había un problema. Nunca había tenido antes una novia. Quizás por eso fue que un bien intencionado amigo me dio un día algunos consejos durante el recreo.

—Se supone que un novio haga cosas por su chica.

—¿Como cuáles?

—¡Como caminar con ella a la clase, tonto! Sentarse con ella a la mesa del comedor. Esa clase de cosas.

Así que al almuerzo de ese día esperé en la puerta del restaurante de autoservicio hasta que ella llegara. Cuando apareció, caballerosamente tomé sus libros, le extendí mi mano y caminé con ella hacia la fila del almuerzo. El Príncipe Carlos y la Princesa Diana nunca fueron tan elocuentes.

Todo estuvo hermoso y bien hasta el día siguiente después de clases. Su mejor amiga me alcanzó y me trajo la mala noticia:

—Marlene quiere terminar.

Me quedé mudo.

—¿Por qué?

—Porque no te sentaste a la mesa hoy con ella.

¿Qué había hecho? Ese día tuve mis primeras interrogantes acerca de las mujeres. Sin embargo, más tarde aprendería que el problema no era un problema femenino; sino que era un problema humano.

Es el problema de las expectativas. Como usted ve, Marlene ahora estaba esperando algo de mí. Me senté con ella a la mesa un día. Por lo tanto, yo debería haberme sentado a la mesa con ella todos los días. Aunque no había ningún convenio, la suposición era esa. Aunque ningún acuerdo se hizo, lo que se asumía era justamente tan poderoso. Ella esperaba que yo estuviera allí. La desilusioné. (Rompimos).

¿Suena familiar? ¿Qué experiencias tiene con las expectativas? Pueden ser serias, como usted sabe. Han sabido hacer mucho más que estropear un romance de cuarto grado. Divorcio, tensión en el trabajo, pobre autoestima, separación familiar, guerras mundiales, amistades resentidas. Todo esto puede ser causado por estas pequeñas delincuentes: las expectativas.

Ellas son como los rifles. Usadas correcta y apropiadamente, son valiosas y necesarias. Pero, ¡oh! ¡Cuán a menudo son mal usadas! ¡Cuán a menudo cargamos la cámara y nos preparamos para lanzar una andanada contra aquellos que amamos! Tranquilamente tiramos del gatillo: «Tú me desilusionas». Y caemos víctimas de una bala de expectativa.

¿Nunca se atrapó usted a sí mismo usando este cuento-triste de insana expectativa, por ejemplo con sus hijos?

«Ahora, tu hermano mayor sacó un 10 en química, y sabemos que tú también lo harás. ¿Cierto, querido?»

«Hijo, cuando yo tenía tu edad pertenecí al equipo de fútbol de la universidad.»

«¿Vas a ser un inteligente doctor como tu padre?»

«Ahora, querida, ni siquiera sueñes con esa universidad.

¡Cuando te gradúes, vas a ir a nuestra universidad. Ya estoy ahorrando para ello!».

O quizás éste con su cónyuge:

«Si tuvieras un mejor salario, anual, podríamos comprar esa casa».

«Querida, le prometí a Pablo que iría a pescar con él el sábado. No te importa, ¿verdad?»

«No es mi culpa que haya tanto desorden en la cocina. Es trabajo de la esposa cuidar la casa».

O en el trabajo:

«Eric; he puesto grandes esperanzas en ti en la compañía. No me desilusiones».

«Sé que ya son más de las 5:00 p.m. Pero supuse que a usted no le importaría que visitáramos un cliente más».

«Sé que usted no ha tenido vacaciones, Phil. Pero a aquellos que realmente les importa la compañía tienen que sacrificarse».

Expectativas. Ellas crean amor condicional. «Te quiero, pero te querré aún más si...».

Ahora, sé en qué está pensando. ¿No deberíamos esperar lo mejor de cada uno? ¿No deberíamos animar a cada uno a luchar por la excelencia y jamás rendirse por nada?

Por supuesto.

Pero fue Cristo en la cruz quien nos enseñó a usar las expectativas. ¿Demanda mucho Él? Mejor que usted lo crea así. ¿Que Él espera mucho? Sólo lo mejor de nosotros. ¿Tiene Él expectativas? Sólo que dejemos todo, que neguemos todo y que lo sigamos.

¿La diferencia? Jesús nutrió sus expectativas con dos importantes compañeros de éstas: El perdón y la aceptación.

Estudie muy atentamente estas palabras escritas por Pablo:

«Cuando aún éramos pecadores, Cristo murió por nosotros».[1]

¿Cuándo murió por nosotros? ¿Cuando llegamos a la perfección? No. ¿Cuando vencimos toda tentación? Difícilmente. ¿Cuando somos expertos en caminar con Cristo? Lejos de eso. Cristo murió cuando éramos todavía pecadores. Su sacrificio, entonces, no dependía de nuestras realizaciones.

Cuando amamos con expectativas decimos: «Te amo; pero te amaré aún más si...»

El amor de Cristo no tiene nada de eso. Ninguna exigencia, ninguna expectativa, ninguna agenda escondida, ningún secreto. Su amor por nosotros fue —y es— de frente y limpio. «Yo te amo —dice Él—, aunque tú me desilusiones. Te amo a pesar de tus errores».

A un paso detrás de las expectativas de Cristo, vienen caminando su perdón y su ternura. Salte en la cuerda floja de lo que espera el Maestro y usted aterrizará en su red de tolerancia.

Expectativas. Solas, son balas que pueden matar, pero escoltadas por la aceptación y el perdón, pueden traer lo mejor.

Aun en los romances infantiles.

1.   Romanos 5:8

31

Vuelve a casa

La práctica de usar acontecimientos terrenales para clarificar
verdades celestiales no es una tarea fácil. Sin embargo, uno
va ocasionalmente a través de una historia, de una leyenda o de una
fábula que guarda un mensaje y suele equivaler a cien sermones,
con diez veces más de creatividad. Tal es el caso de la historia que
viene a continuación. La escuché por primera vez narrada por un
predicador brasileño en San Pablo. Y aunque la he compartido
incontable cantidad de veces, cada vez que la cuento me siento
nuevamente abrigado y reasegurado por su mensaje.

La casita era sencilla pero adecuada. Constaba de un cuarto
grande en una calle polvorienta. El techo de tejas rojas era uno de
los muchos de este pobre vecindario en las afueras de una aldea
brasilera. Pero era una casa confortable. María y su hija, Cristina,
habían hecho todo lo que podían para añadir color a las grises
paredes y calentar un poco el duro y sucio piso de tierra: un viejo
almanaque, una fotografía borrosa de un pariente, un crucifijo de
madera. El mobiliario era modesto: un banco de madera en cada
lado de la habitación, una palangana para lavarse las manos, y una
estufa de leña.

El esposo de María había muerto cuando Cristina estaba recién
nacida. La joven madre rehusó tercamente algunas oportunidades
de volver a casarse. Consiguió un trabajo y se dedicó a criar a su

tierna hija. Y ahora, quince años más tarde, los peores momentos habían pasado. Aunque el salario de María como empleada de servicio doméstico le permitía muy pocos lujos, era suficiente para proveer comida y vestido, y ahora Cristina era lo suficientemente grande como para buscar trabajo que las ayudara un poco más.

Hubo quienes dijeron que Cristina heredó de su madre su independencia. Ella no estaba de acuerdo con la idea tradicional de casarse joven y formar una familia. No es que ella no hubiera podido conseguir marido. Su piel de color oliva y sus ojos marrones ayudaban a mantenerle una fila de pretendientes a su puerta. Ella tenía una graciosa manera de echar su cabeza hacia atrás y llenar la casa de alegría. También tenía la rara magia de algunas mujeres de hacer sentir a un hombre como un rey sólo por estar junto a ella. Pero fue su espíritu de curiosidad el que hizo que mantuviera a raya a los hombres.

A menudo ella hablaba de irse a la ciudad. Soñaba con cambiar su polvoriento vecindario por excitantes avenidas y vida de ciudad. Sólo este pensamiento horrorizaba a su madre. María estaba siempre lista para recordarle a Cristina los peligros de las calles. «Allí la gente no te conoce. Los empleos son escasos y la vida es cruel. Y además, si tú fueras allí, ¿qué harías para sobrevivir?»

María sabía exactamente qué haría Cristina, o qué tendría que hacer para sobrevivir. Por eso es que su corazón se desgarró cuando despertó una mañana para encontrar que la cama de su hija estaba vacía. María sabía exactamente dónde había ido. También sabía que debía encontrarla inmediatamente. Rápidamente puso un poco de ropa en una maleta, reunió todo su dinero y salió corriendo de la casa.

En el camino a la parada del autobús entró a una droguería a conseguir una última cosa. Fotografías. Se sentó en la cabina de fotografías, cerró la cortina, y gastó todo lo que pudo en fotos de ella misma. Con el bolso lleno de pequeñas fotos en blanco y negro, abordó el siguiente autobús para Río de Janeiro.

María sabía que Cristina no tenía modo alguno de ganar dinero. También sabía que su hija era demasiado terca para volver atrás. Cuando el orgullo se encuentra con el hambre, un ser humano hace cosas inconcebibles. Sabiendo esto, María empezó la búsqueda. Bares, hoteles, clubes nocturnos, cualquier lugar con la reputación de ser utilizados por vagabundos o prostitutas. Fue a todos ellos. Y en cada lugar ella dejó su fotografía pegada con cinta en el espejo de un baño, clavada en el tablero de anuncios de hoteles, pegada a una cabina telefónica. Detrás de cada foto ella escribió una nota.

No pasó mucho tiempo antes de que el dinero y las fotografías se acabaran, y María tuvo que volver a casa. La fatigada madre lloraba cuando el autobús emprendía el viaje de regreso a su pequeña aldea.

Fue unas pocas semanas más tarde cuando Cristina descendió las escaleras del hotel. El joven rostro estaba cansado. Los ojos marrones ya no danzaban de juventud, sino que hablaban de dolor y miedo. Su risa se había roto. El sueño se había convertido en pesadilla. Miles de veces había anhelado cambiar esas innumerables camas por su seguro colchón de paja. Sin embargo, la pequeña aldea estaba, de muchas maneras, demasiado lejos.

Cuando llegaba al final de las escaleras, sus ojos percibieron una cara familiar. Miró otra vez, y allí, en el espejo de la recepción había una pequeña fotografía de su madre. Los ojos de Cristina le ardieron y se le hizo un nudo en la garganta mientras cruzaba la sala y despegaba la pequeña foto. Escrita en el reverso, había esta compelente invitación: «Lo que quiera que hayas hecho, cualquier cosa que hayas llegado a ser, no importa. Por favor vuelve a casa».

Ella lo hizo.

«El Hijo es el resplandor de la gloria de Dios y la imagen misma de su sustancia...»

«Venid a mí, todos los que estáis trabajados y cargados, y yo os haré descansar».[2]

---

1. Hebreos 1:3
2. Mateo 11:28

32

Inconsistencias consistentes

Sospecho que la cosa más consistente de la vida tiene que ser su inconsistencia.

Escogiendo no ser puesta en una categoría exacta, la vida ha optado por ser una ensalada de triunfos y tragedias, profanidad y pureza, desesperación y esperanza. Lo malo está perplejamente cerca de lo bueno. Lo justo está terriblemente cerca de lo incorrecto. ¿Y la vida? La vida está tan lejos de la muerte como un tictac de reloj. ¿Y el mal? El mal está paradójicamente cerca de lo bueno. Es como si sólo una delgada cortina los separara. Dado el señuelo exacto en el preciso momento, apuntado a la exacta debilidad, no hay ser viviente que no abriera su cortina y viviera su más vil fantasía.

La inconsistencia de la vida.

Como resultado, un momento puede simultáneamente convertirse de dulce victoria en crujiente derrota. El mismo día puede traer tanto reunión como separación. El nacimiento mismo puede traer tanto dolor como paz. La verdad, y la verdad a medias montan a menudo en el mismo caballo. (Y sí Santiago...; «el bien y el mal pueden salir de la misma boca».)

«¡Si la vida sólo fuera más simple! —razonamos—. Más previsible!» Pero no lo es. Aun para el mejor de nosotros, la vida es como una montaña rusa con vueltas y revueltas, y subidas y bajadas.

Tal vez es por eso que dentro de todos nosotros hay un poco de paranoia, de indefinida inseguridad. ¡Oh...!, podemos disimularla en camisetas de rayitas y en martinis, pero la ansiedad del futuro está presente desde ahora. ¿No vivimos todos nosotros con temor a lo desconocido? ¿No todos nosotros tenemos pavor cuando la delgada cortina que nos separa del mal pudiera ser abierta, y podríamos caer? Cáncer. Asesinato. Violación. Muerte. ¡Qué espantosa es esa perenne conciencia de que no somos inmunes a los peligros y amenazas de la vida...!

Es esta miedosa inconsistencia la que nos mantiene a todos, en mayor o menor grado, viviendo nuestras vidas al borde de nuestros asientos.

Sin embargo fue en esta inconsistencia que Dios tuvo su más excelente hora. Nunca estuvo lo obsceno tan cerca de lo santo como sucedió en el calvario. Nunca lo bueno en el mundo estuvo tan estrechamente interrelacionado con lo malo, como lo fue en la cruz.

Ni tampoco lo que era recto se involucró tan íntimamente con lo que era equivocado como cuando Jesús fue suspendido entre cielos y tierra.

Dios en una cruz. La humanidad en lo peor. La divinidad en lo mejor.

Algo fue dicho en la cruz sobre la inconsistencia. Algo esperanzador. Algo sanador. Simplemente se afirmó que lo que es consistente peleó contra lo que es inconsistente, y lo consistente ganó.

Algo se dijo también sobre Dios mismo. Dios no es desafiado por una palabra de maldad. Él no agoniza sorprendido por la esterilidad de nuestra fe o la profundidad de nuestros fracasos. No podemos sorprender a Dios por nuestras crueldades. Él conoce la condición del mundo ...y lo ama igual. Porque cuando buscamos un lugar donde Dios no estaría (como en una cruz), miramos otra vez y allí está, en la naturaleza humana.

33

El rugido

L a puerta está cerrada. Con el cerrojo caído. Tal vez aun tiene una silla bajo la manija. Adentro se sientan rodilla a rodilla diez ambulantes quienes han atravesado la cerca entre la fe y el temor.

Si usted los mira allí en la habitación, no daría nada por ellos. Sin educación. Confundidos. Las manos callosas. Acentos pesados. Pocas presencia social. Limitado conocimiento del mundo. Ningún dinero. Liderazgo sin definición. Y así sucesivamente.

No; mientras usted mira esta abigarrada cuadrilla no desperdiciaría demasiados cheques de pago para su futuro. Pero algo sucede a un hombre cuando contempla a alguien que se ha levantado de entre los muertos. Algo se derrite dentro del alma de un hombre que ha estado a pocas pulgadas de Dios. Algo más caliente que la fiebre del oro se derrite y más permanente que la pasión.

Todo comenzó con diez hombres asustados, aterrorizados y avergonzados. Aunque la puerta estaba cerrada, Él pudo ponerse en medio de ellos. «Como el Padre me ha enviado, así os envío».[1]

Y Él los envió. Puertos. Atrios. Barcos. Sinagogas. Prisiones. Palacios. Ellos fueron por todas partes. El mensaje del nazareno dominó todo el mundo civilizado. Ellos constituyeron una fiebre contagiosa. Eran un organismo en movimiento. Rehusaron ser

143

detenidos. Mal educada turba que sacudió la historia como una ama de casa sacude una alfombra.

Dios mío, ¿no sería grande verlo suceder otra vez?

Muchos dicen que es imposible. El mundo es demasiado duro. Demasiado secular. Demasiado «poscristiano». «Esta es la era de la información, no la de la regeneración». Por tanto ponemos el cerrojo en la puerta por miedo al mundo.

Y como resultado, el mundo continúa largamente sin ser tocado y sin enseñanza. Más de la mitad del mundo no ha oído todavía la historia del Mesías. Mucho menos lo ha estudiado. Los pocos creyentes que lo hacen, a menudo vuelven a casa fatigados y heridos, maltratados en las riñas y frustrados a las necesidades.

¿Qué tomaría prender de nuevo el fuego? Algo como lo que aquellos individuos de los que hablábamos antes hicieron en el aposento. Para ellos era bastante obvio. «Todo lo que sé es que estaba muerto y ahora está vivo».

Algo sucede a un hombre cuando permanece a pocos centímetros del León de Judea. Algo sucede cuando oye el rugido, cuando toca la dorada melena. Algo pasa cuando está tan cerca que puede sentir el aliento del león. Tal vez todos podríamos hacer lo mismo. Tal vez todos necesitamos testificar su majestad y anhelar su victoria. Tal vez necesitamos oír nuestra comisión otra vez.

«¿Se lo dirás a ellos?», demandó Jesús. «¿Les dirán a ellos que vine... y que voy a regresar otra vez?»

«Lo haremos», asintieron ellos. Y lo hicieron.

¿Lo hará usted?

1.   Juan 20:21

Guía de estudio

Capítulo 1: Palabras finales, hechos finales

1. *Palabras finales. Hechos finales. Cada uno es una ventana a través de la cual la cruz puede ser mejor comprendida. Cada una abre un tesoro de promesas.*

A. ¿Por qué las palabras y los hechos finales de una persona agonizante son significativas? ¿Por qué las palabras y los hechos finales de Cristo son particularmente significativos?

B. En preparación para este estudio, lea el relato de Lucas sobre la traición, la Última Cena, el arresto y juicio de Jesús y su crucifixión en los capítulos 22 y 23. ¿Qué cosas lo sorprenden? ¿Qué cosas son difíciles de comprender? Considerando que éstas son las horas finales de Jesús sobre la tierra, ¿qué vocablo describe mejor sus hechos y su palabras durante estas horas?

C. ¿Qué espera usted ganar de este estudio sobre las últimas palabras y hechos de Cristo? ¿Qué hará la diferencia en el éxito que tenga? Escriba abajo cinco metas específicas para el estudio, y al final del estudio señale hasta qué punto las alcanzó.

2. *Es mucho más fácil morir como Jesús si usted ha vivido como Él por toda la vida.*

A. De su observación, ¿hasta qué punto la personalidad de alguien cambia a medida que él o ella envejecen? ¿Hasta qué punto cambia el carácter de una persona?

B. ¿Qué revelan los siguientes pasajes acerca de la habilidad de ser como Jesús: I Corintios 2:16; Juan 14:5-24? ¿Qué significa tener la mente de Cristo? ¿Qué indicaciones externas habrá cuando verdaderamente vivamos a la manera de Cristo? ¿Qué nos promete Jesús cuando vivimos a su manera?

C. ¿Cuál rasgo específico de su carácter quisiera que fuera recordado en su muerte? ¿Hasta qué punto es eso verdad en usted ahora? ¿Qué podría hacer para fortalecer esa característica en usted mismo?

Capítulo 2: Palabras que hieren

1. *Algunas veces me pregunto si no vemos el amor de Cristo tanto en la gente que Él toleró como en el dolor que Él sufrió.*

A. ¿Qué clase de heridas duelen más? ¿El abuso físico? ¿Los insultos? ¿El rechazo? ¿La apatía? ¿El prejuicio? ¿La venganza? (¿Hay otros que usted quisiera añadir a la lista?) ¿Cuáles calificaría usted como las más difíciles de perdonar? ¿Por qué?

B. ¿Cuál de estas heridas experimentó Jesús? Dé un ejemplo de cada una de las que Él experimentó.

C. Lea otra vez el relato de Lucas acerca de la crucifixión (Lucas 23:26-43), poniendo atención especial en lo que dijo Jesús. ¿Estaría de acuerdo con la cita anterior de Lucado? ¿Por qué o por qué no?

D. Si la cita de Lucado es verdadera, ¿de qué modo podríamos nosotros causarle hoy más dolor del que sufrió en su crucifixión?

2. *Si alguna vez una persona mereció vengarse, ése fue Jesús. Pero Él no lo hizo. En lugar de eso, murió por ellos.*

A. El refrán dice «la venganza es dulce». ¿Cómo podría usted describir la venganza? Describa una ocasión en la cual usted se vengó. ¿Cómo se sintió después?

B. ¿Qué nos enseñan los siguientes pasajes acerca de la venganza: Romanos 12:17-21; la Pedro 3:9-17, Ezequiel 25:15-17? ¿Cómo podemos sobreponernos a nuestro deseo de venganza? Cuando una persona responde a la injuria con bondad, ¿qué beneficios obtiene? ¿Qué acción toma Dios en tales situaciones?

C. ¿Por qué la venganza hiere más al que la busca que a quien la recibe? Describa una ocasión en la cual usted se—sobrepuso a un deseo de venganza. ¿Cómo lo hizo sentirse? ¿Qué beneficios le trajo?

Capítulo 3: La venganza del ciudadano vigilante

1. *Ira. Es una peculiar aunque predecible emoción. Comienza como una gota de agua... Sin embargo, agarre suficientes de éstas aparentemente inocentes gotas de ira y tendrá frente a usted, al poco tiempo todo un balde de furia... Llegamos a ser bombas de tiempo caminantes y que dado el momento justo de tensión y temor, podrían explotar como el señor Goetz.*

A. ¿Cuán serio problema es la ira en nuestra sociedad? ¿Qué ejemplos recientes puede usted dar para ilustrar el problema? ¿Por qué cree usted que la gente está enojada? ¿Está usted de acuerdo que dada la tensión y el temor, somos como bombas de tiempo esperando explotar?

B. ¿Cuán "serio" pecado es la ira, juzgado por Gálatas 5:19-21?

C. De acuerdo con estos pasajes, ¿qué es lo que típicamente acompaña a la ira?: Proverbios 14:17-29; Eclesiastés 7:9; Santiago 1:19-20? ¿Qué indicarían estos pasajes como antídoto para la ira? En vista de estos pasajes, ¿usted diría que «contar hasta diez tiene algún valor?

2. *La ira incontrolada no mejorará nuestro mundo, mas el compasivo entendimiento sí lo hará. Una vez que vemos el mundo y a nosotros por lo que somos, podemos ayudar.*

A. ¿Qué le causa enojo? ¿Ha sido siempre un iracundo incontrolable? ¿Cómo lo hace sentir eso? ¿Qué lo ayuda a controlar su ira?

B. Cuando Esteban fue apedreado hasta morir, pronunció unas palabras similares a las de Jesús. Lea Hechos 6:8-15, 7:54 y 8:1. ¿Qué paralelo hay entre la naturaleza de Jesús y la de Esteban? ¿Cómo afectaron sus palabras y sus muertes a los que estaban a su alrededor?

C. Goetz se preparó para una situación que le produjo ira, llevando una pistola. ¿Qué «armas» podría usted llevar consigo para poder manejar una situación difícil, con entendimiento en lugar de ira?

Capítulo 4: El cuento del ladrón crucificado

1. *Usted tiene valor sólo por existir. No por lo que usted hace o ha hecho sino simplemente porque usted es.*

A. ¿Hasta qué punto está valorada la gente en la cultura de nuestros días? ¿Qué le da valor a una persona, de acuerdo con los patrones de hoy en día? ¿Qué afecta a la vista de la sociedad respecto del valor del individuo?

B. ¿Qué enseñan los siguientes pasajes sobre el valor que Dios da a la gente: Romanos 5:8; Efesios 2:4-5; Tito 3:4-7; 1 Juan 4: 9-10?

C. ¿Nos conducimos como si tuviéramos un valor intrínseco? Si la gente verdaderamente creyera que tiene un valor intrínseco, ¿qué problema de la sociedad ya no existiría más?

2. *Me hace sonreír cada vez que pienso que hay un sonriente ex convicto caminando las doradas calles que sabe más acerca de la gracia que mil teólogos.*

A. ¿Qué cree usted que es lo más significativo de la historia del ladrón crucificado?

B. Lea Lucas 23:32-43. ¿Qué puede aprender de los dos criminales de este breve episodio? ¿Por qué cree que Jesús le prometió a este criminal el paraíso?

C. ¿Cómo cree usted que el ladrón crucificado explicaría la gracia en una sola frase?

Capítulo 5: Dejar es amar

1. *¿Qué clase de Dios le daría a usted familia para luego pedirle que la deje? ¿Qué clase de Dios le daría a usted amigos para luego pedirle que les diga adiós?*

A. ¿Conoce usted a alguien que ha tenido que escoger entre su familia o amigos y someterse a Dios? ¿Qué sacrificios fueron hechos? ¿Cuál fue el resultado?

B. ¿Qué cree que Jesús quiso decir en Mateo 19:28-29? ¿De qué manera Mateo 6:33 y Mateo 12:46-50 dan luz para su significado?

C. ¿De qué manera Jesús vivió por este principio?

2. *Juan ciñó su brazo alrededor de María acercándola un poco. Jesús le estaba pidiendo ser el hijo que una madre necesita y que de alguna manera Él nunca fue.*

A. Considerando todas las luchas físicas y espirituales que rodeaban la crucifixión, ¿qué piensa usted de esta historia personal que fue registrada para nosotros acerca de la madre de Jesús?

B. Lea Juan 19:25-27. ¿Cómo indica este evento el amor de Jesús por su familia? ¿Qué indica acerca de las relaciones con sus amigos? ¿Cómo reconciliaría usted el amor de Jesús por su familia y amigos con su afirmación en Mateo 19:28-29?

C. ¿Qué dijo Pablo en 1 Timoteo 5:8 acerca del cuidado para la familia de uno? ¿Cómo explicaría el balance en nuestra responsabilidad para con la familia y para nuestra fe?

Capítulo 6: El grito de la soledad

1. *Estoy escribiendo para aquellos de ustedes que pueden encontrar una persona solitaria mirándose simplemente al espejo.*

A. ¿Cómo describiría la soledad? ¿Cuándo son más susceptibles las personas a la soledad? ¿Qué antídotos usamos contra la soledad?

B. Lea el Salmo 139:1-18 y Hechos 17:24-28. ¿De qué manera ellos ofrecen consuelo para aquellos que se sienten solitarios?

C. ¿Conoce usted personas que se encuentran solitarias? ¿Cuáles grupos, dentro de la iglesia, son particularmente vulnerables? ¿Aquellos que han perdido seres queridos, ¿los ancianos? ¿Aquellos que se encuentran lejos de su familia y amigos? ¿Los misioneros que están sostenidos por su iglesia? ¿Hay otros? ¿De qué manera específica podría usted ayudarlos a soportar su soledad?

2. *Y aunque Él no puede ofrecer una respuesta, aunque no puede resolver un dilema, aunque la pregunta pueda congelarse dolorosamente en medio del aire, Él, que también estuvo solo una vez, entiende.*

A. ¿Por qué fue importante para Jesús estar totalmente separado de Dios por un tiempo?

B. ¿Está usted de acuerdo con la interpretación de Lucado de este tremendo pasaje (Mateo 27:46)? ¿Cómo entiende la palabra «abandonado» en este pasaje? De todas las afirmaciones hechas en la cruz, ¿en qué manera es ésta la que le llega más al corazón? Lea el Salmo 22. ¿En qué manera la angustia de David es paralela a la angustia de Jesús?

C. ¿Puede usted imaginar algún dolor y alguna soledad más grande que la que sufrió Jesús? ¿Cómo le afecta saber que Él escogió sufrir por su bien?

Capítulo 7: Tengo sed

1. *En el momento preciso se nos recuerda que Aquel a quien oramos conoce nuestros sentimientos, conoce la tentación y ha sentido desaliento.*

A. ¿Por qué es importante darse cuenta no sólo de la divinidad de Jesús, sino también de su humanidad?

B. Según Hebreos 2:14-18 y Hebreos 4:14-16, ¿en qué manera puede identificarse Jesús con nosotros como humanos? ¿Qué bendiciones nos trae? ¿Cómo actúa ahora Jesús en nuestra conducta?

C. En oración, ¿cómo equilibra usted la reverencia para Jesús como Dios y Creador del universo, con el hecho de que Él compartió nuestra humanidad y entiende nuestras debilidades?

2. *Estamos endeudados con Juan por escoger e incluir el versículo 28 del capítulo 19. Simplemente dice «Tengo sed".*

A. ¿Por qué este versículo parece fuera de sentido con las otras declaraciones de Jesús en la cruz? ¿Qué significado tiene para nosotros?

B. Lea Juan 19:28-29. ¿Por qué dijo Jesús: «¿tengo sed? Lea el Salmo 69:21 y el Salmo 22. ¿Qué paralelos hay entre estos dos salmos y los acontecimientos de la crucifixión?

C. ¿Cómo describiría la intensidad de la sed de Jesús en la cruz? En Mateo 5:6, Jesús dijo que nosotros también deberíamos estar sedientos. ¿Cuándo estuvo usted más intensamente sediento? Si tuviera ahora el mismo anhelo de justicia que usted tuvo para el agua, ¿cambiaría esto su vida?

Capítulo 8: Compasión creativa

1. *El último hecho de compasión creativa es revelado. Dios en una cruz. El Creador siendo sacrificado por su creación. Dios convenciendo al hombre, de una vez y por todas, que el perdón sigue al error.*

A. ¿Qué quiere decir Lucado al llamar a la crucifixión «el último hecho de compasión creativa»?

B. ¿En qué manera fue la crucifixión de Cristo el resultado del más grande fracaso de la humanidad? ¿Ha habido alguna vez una mayor necesidad de perdón que la necesidad que hubo por matar al Hijo de Dios? Basado en los siguientes pasajes, ¿cómo describiría usted la naturaleza perdonadora de Dios: 1 Juan 1:7-9, Lucas 6:37-38, Hechos 10:42-43; Salmos 103:1-5; Hechos 3:19? ¿Qué se pide a quienes buscan perdón?

C. ¿Cómo afirmaría usted a alguien acerca de la capacidad de Dios de perdonar los pecados?

2. *«Consumado es». La misión está terminada. Todo lo que el Maestro pintor necesitaba hacer fue hecho, y hecho en esplendor.*

A. ¿Cuál es su misión en la vida? ¿En qué manera está usted en el proceso de cumplirla? ¿En qué punto sería cumplida su misión?

B. Lea Juan 19:28-30. ¿Qué quiso decir Jesús con «consumado es»? ¿Qué fue consumado? ¿Qué tareas no han sido terminadas? ¿Cómo esta declaración clarifica su misión?

C. Invierta algún tiempo escribiendo abajo una declaración de su misión personal, el propósito específico de su vida. Entonces haga una lista de sus prioridades, basada en la declaración de su misión personal. ¿Qué cambios quiere hacer en favor de su misión y de sus prioridades?

Capítulo 9: Consumado es

1. *Jesús no desistió. Pero no piense ni por un minuto que Él no estuvo tentado a hacerlo.*

A. ¿Piensa usted que Jesús consideró seriamente no morir en la cruz? ¿Cuál cree que habría sido la más fuerte tentación para no seguir esa consideración?

B. En los siguientes pasajes, ¿qué podría haber tentado a Jesús para renunciar: Marcos 10:32-45; Marcos 14:32-42; Marcos 9:33-41?

C. ¿Qué hizo Jesús para adquirir la fortaleza para continuar? ¿Cuáles son nuestros más grandes recursos de fortaleza cuando somos tentados a renunciar?

2. *Dios no nos llamó para ser triunfadores, sino fieles.*

A. ¿Está de acuerdo con esta afirmación? ¿Cómo distinguiría entre ser triunfador y ser fiel? ¿Puede ser un triunfador sin ser fiel? ¿Puede ser fiel sin ser un triunfador? Explique.

B. ¿Qué le enseñan los siguientes pasajes acerca de la fe: Mateo 24:12-13; Romanos 2:6-7; Colosenses 1:22-23; Hebreos 12:1-12? ¿Qué caracteriza a la persona que permanece fiel? ¿Cuál es la analogía del corredor en una adecuada comparación con la vida cristiana?

C. ¿Hasta qué punto tenemos valores de fe en nuestra sociedad: fe en nuestro mundo, en nuestros compañeros, en nuestras responsabilidades, en nuestro Dios? ¿Hasta qué punto tienen éxito los valores de nuestra cultura? ¿Cómo puede usted enriquecer la fe por aquellos que se encuentran a su alrededor?

Capítulo 10: Llévame a casa

1. *Los dos son uno otra vez. El abandonado es ahora encontrado. El precipicio tiene ahora un puente.*

A. ¿Cómo describiría usted la unidad de Dios y Cristo? ¿Qué comparaciones terrenales podría usted hacer?

B. De acuerdo a estos pasajes, ¿cómo describió Jesús su unidad con Dios el Padre: Juan 10:38; Juan 14:10-11; Juan 17:20-21? ¿Qué fue tan significativo acerca de Jesús reuniéndose con Dios?

C. ¿En qué momentos usted siente la experiencia más grande de unidad con Jesús? De acuerdo a Juan 17:20-21, ¿qué resulta de una unidad con Jesús?

2. *Los buitres de Satanás han sido espantados. Los demonios del infierno han sido enjaulados. La muerte ha sido vencida.*

A. ¿En qué manera fue el momento del, aparentemente, más grande triunfo de Satanás, mientras que realmente fue el momento de su más grande derrota?

B. Lea Juan 12:31-33; Juan 14:28-31; Juan 16:5-11; y Hebreos 2:14-16. ¿Qué le enseñan acerca del impacto de la muerte de Jesús en el poder de Satanás?

C. Aun cuando Jesús derrotó a Satanás, ¿de qué manera le continuamos permitiendo tener poder? De acuerdo a estos pasajes, ¿cómo intenta él destruir nuestra relación con Dios: II Corintios 11:3-4,13-15; I Pedro 5:8-9; Juan: 8:42-47?

Capítulo 11: ¿Quiénes habrían creído?

1. *Hubo algo en la crucifixión que hizo que todos los testigos dieran un paso, ya sea hacia ella o a alejarse de ella. La cruz, al mismo tiempo, atrae y repele.*

A. De los testigos de la crucifixión, ¿Con cuál se identifica usted mejor? ¿Por qué?

B. Mire algunas de las personas que fueron repelidas por ella: Judas (Lucas 22:1-6); Herodes, el jefe de los sacerdotes, el Sanedrín, y la multitud (Lucas 23:1-25). ¿Qué les hizo rechazar la proclamación de Jesús de que era el Mesías? ¿Cuáles de las razones para rechazar a Jesús aún prevalecen?

C. Mire a algunas de las personas que fueron atraídas por ella. José de Arimatea y Nicodemo (Juan 19:38-42); las mujeres en la cruz (Juan 19:25-27); el «ladrón crucificado (Lucas 23:39-43). ¿Qué lecciones puede usted aprender de estos ejemplos?

2. *Podemos hacer lo que queramos con la cruz. Podemos examinar su historia. Podemos estudiar su teología. Podemos reflexionar sobre sus profecías. Sin embargo, una cosa que no podemos hacer es quedar neutrales ante ella.*

A. ¿Cómo responde usted a la gente que dice que Jesús era sólo un buen hombre y no el Hijo de Dios? Si Jesús no hubiera sido el Hijo de Dios, ¿por qué no sería apropiado decir que Él fue un buen hombre?

B. En la Corintios 15:1-20, ¿qué argumentos presenta Pablo sobre el significado de la resurrección de Cristo de entre los muertos? Si una persona no acepta eso, ¿qué queda?

C. ¿De qué manera estos pasajes del Antiguo Testamento sirven como profecías mesiánicas: Miqueas 5:15; Isaías 11; Zacarías 9:9?

D. ¿Qué le hace pensar a usted que Jesús es el Hijo de Dios? ¿Hay alguna cosa en particular, o es eso una acumulación de evidencias? ¿Quiere usted apostar su destino eterno sobre el hecho de que Jesús es lo que Él dice que es?

Capítulo 12: Rostros en la multitud

1. *Algunos creen que Malco fue más tarde contado entre los creyentes de Jerusalén. No lo sabemos con seguridad.*

A. Si usted hubiera tenido la oportunidad de entrevistar a Malco después de la escena en el jardín, ¿qué preguntas le hubiera hecho? ¿Qué cree que le hubiera pasado a Malco? ¿Por qué?

B. Lea la historia de Malco en Juan 18:1-11; Mateo 26:47-56; Marcos 14:43-52, y Lucas 22:47-53. ¿Cuál información es única en cada relato? ¿Qué visiones sobre Jesús nos da este incidente?

C. ¿Qué ejemplo contemporáneo tiene usted de alguien que ha sido tocado» por Jesús con dramáticos resultados? ¿Es ahora el poder de Jesús para cambiar vidas menos milagroso que su sanidad de Malco? ¿Qué beneficio hay en narrar la historia de Malco o la historia de alguien de hoy que haya sido cambiado por Jesús?

2. *Irónico como puede parecer, una de las cosas más difíciles de hacer es ser salvo por gracia.*

A. ¿Está de acuerdo con la afirmación de Lucado? Si es así, ¿está de acuerdo con su explicación de que el orgullo se atraviesa en el camino? ¿Cómo nos estorba el orgullo? ¿Por qué otras razones podría la gente rechazar la gracia?

B. ¿Cuáles de los siguientes pasajes nos indican sobre la habilidad de ganar nuestra salvación: Romanos 4:4-8, 13-16; Efesios 2:8-10; Juan 1:12-13; Romanos 11:5-6? ¿Por qué es difícil aceptar la salvación como un don de Dios?

C. ¿Qué sabiduría ofrece Proverbios sobre el asunto del orgullo en los siguientes versículos: 11:2, 16:18-20; 29:23? De acuerdo con estos versículos, ¿qué es lo opuesto al orgullo en nosotros mismos? ¿Cómo calza con el concepto de gracia?

Capítulo 13: Bueno... casi

1. *Es una cosa perdonarse usted mismo por algo que hizo. Otra cosa es tratar de perdonarse a usted mismo por algo que podría haber hecho, pero no lo hizo.*

A. Relate una ocasión cuando usted se arrepintió por no hacer algo, quizás una oportunidad perdida de ayudar a alguien, una relación que usted dejó de cultivar, o la ocasión cuando no se mantuvo en su fe. ¿Qué tiene usted a cuestas? ¿Tiene remordimientos por su falta de acción?

B. ¿Cuán seriamente toma Dios nuestra falta de acción? ¿Qué indicaciones son dadas en estos ejemplos: Mateo 25:14-30 y Mateo 25:31-46? ¿Hay alguna advertencia en las Escrituras más seria que éstas?

C. De lo que usted ve en los pasajes arriba mencionados, ¿qué expectaciones tiene Dios de usted?

2. *No, Jesús nunca encontró lugar para el «casi», y aún no lo encuentra. «Casi» se puede contar entre las herraduras de los caballos y las granadas de mano, pero con el Maestro esta palabra es tan válida como «nunca».*

A. Lucado dice que Jesús demanda absoluta obediencia. ¿Cómo consideramos los «absolutos»: absoluta confianza, absoluta verdad, absoluto compromiso? ¿A qué queremos dedicarnos absolutamente? ¿«Absoluto» se ha vuelto obsoleto?

B. ¿Cómo Marcos 10:17-31 y Mateo 25:1-13 apoyan la afirmación de Lucado de que «casi» es tan válido como «nunca»? ¿Cómo resumiría usted el mensaje de cada relato?

C. ¿Cómo respondería a un amigo no cristiano quien dijera que las demandas de Jesús de absoluta obediencia eran falsas y no realistas?

Capítulo 14: Los diez que corrieron

1. *No he conocido todavía una persona que no haya hecho aquello que juró que nunca haría. Todos nosotros hemos caminado las calles de Jerusalén.*

A. ¿Cuáles son algunas de las cosas que usted pensó que nunca haría sólo para encontrarse más tarde haciéndolas? Quizás un estilo de crianza que usted nunca pensó que usaría con sus hijos. Quizás un pecado del que nunca pensó que sería culpable. Quizás es la misma cosa que usted critica en otros. ¿Por qué hacemos las mismas cosas que no queremos hacer?

B. ¿Cómo describe Pablo este mismo problema en Romanos 7:14-25? ¿Qué hizo que él estuviera en guerra consigo mismo? ¿Cómo entendió él la batalla? ¿Cuál fue su salvación?

C. ¿Está usted sintiendo ahora mismo luchas espirituales? ¿Qué podría hacer para «armar» al «esclavo de la ley de Dios»? ¿Qué podría hacer para «desarmar» al «esclavo de la ley del pecado»?

2. *El que perdonó a sus seguidores está listo a perdonar al resto de nosotros. Todo lo que tenemos que hacer es regresar.*

A. Los apóstoles habían visto los milagros, habían escuchado las enseñanzas y habían oído a Jesús profetizar su muerte. ¿Por qué no entendieron? ¿Por qué corrieron?

B. A menudo nos referimos al apóstol Tomás como el «dubitativo Tomás», sin embargo, ¿qué aprendemos en Juan 11:1-16 acerca de su fe? Igual que los otros, Tomás dejó atrás su fe en Jesús, al menos por un tiempo. Lea Juan 20:19-31. ¿Qué característica especial utilizó Jesús para hacer que Tomás creyera? ¿Qué reafirmación nos da Jesús?

C. Lucas 15:11-32 nos da una de las más impresionantes representaciones de la voluntad de Dios para retractarnos si regresáramos a su seno. Lea esta narración, poniendo el nombre de Dios en el lugar del padre, y su nombre en el lugar del hijo más joven.

Capítulo 15: El único que permaneció

1 *Uno tiene la impresión de que, para Juan, Jesús era por sobre todo compañero leal.*

A. ¿Por qué piensa que Juan se refiere a sí mismo como el «discípulo a quien Jesús amó'? ¿Amó más Jesús a Juan que a los otros discípulos?

B. Note algunas de las ocasiones especiales que Juan compartió con Jesús: Lucas 9:28-36; Juan 13:18-27; Mateo 26:36-37; Juan 19:25-27. ¿Qué indicaría que Jesús confiara en él en particular?

C. El Evangelio de Juan es bastante diferente de los otros evangelios. Por una cosa, Juan quiere registrar discursos de Jesús con una persona a la vez, como las conversaciones con Nicodemo, con la mujer en el pozo y con el oficial real. Dedique una semana a leer el Evangelio de Juan. Quizás como el discípulo más cerca de Jesús, ¿da Juan un relato más centrado en la persona de Jesús en la enumeración de los acontecimientos? ¿Qué otras opiniones gana usted de esta perspectiva particular?

2. *Juan nos enseña que la relación más fuerte con Cristo puede no ser necesariamente una relación complicada.*

A. De las personas que usted conoce, ¿quién diría que tiene la más fuerte relación con Cristo? ¿Cómo describiría esa relación? ¿Ha venido de un entrenamiento formal, de un entrenamiento familiar, de experiencias vívidas o de estudio personal?

B. ¿Cómo describe Juan la esencia de la relación con Jesús en los siguientes pasajes: Juan 14:21; 14:23; 16:27?

C. ¿Cuál será el crecimiento natural de nuestro amor por Jesús de acuerdo a Juan 15:9-17?

D. ¿Cómo condensaría el mensaje de Juan en relación con Jesús en una sola frase?

Capítulo 16: La colina de remordimiento

1. *Mientras Jesús subía la colina del Calvario, Judas subía otra colina; la del remordimiento.*

A. ¿Cómo ve el carácter de Judas? ¿Cómo podría pasar él todo el tiempo con Jesús, y luego traicionarlo? ¿Qué hizo que tuviera rápidamente remordimiento por su decisión?

B. Lea los siguientes relatos de Judas en Juan 12:4-6, Mateo 26:14-16, Juan 13:2, Mateo 26:17-30 y Juan 13:18-30. ¿Qué es lo que usted ve dentro de Judas?

C. Lea el relato de Mateo acerca del remordimiento de Judas en Mateo 27:1-10. ¿Qué visión adicional nos da del carácter de Judas?

D. ¿De qué manera son comunes a nosotros de un grado u otro los rasgos de Judas?

2. *Se necesita mucha fe, tanto para creer que Jesús puede pasar por alto mis traiciones como para creer que Él se levantó de los muertos. Las dos son absolutamente milagrosas.*

A. ¿Qué es lo primero que viene a su mente cuando piensa en los milagros de Jesús? ¿Algo de los tiempos bíblicos o de los tiempos modernos? ¿Tiende a considerar cualquier caso de hoy en relación y significado con los milagros de Jesús cuando estaba en la tierra? ¿Es Jesús un participante pasivo o activo en su vida?

B. ¿Qué seguridad proveen los siguientes pasajes acerca de la voluntad de Dios para perdonar aun a aquellos que traicionaron a su hijo: Hechos 2:22-47; Santiago 4:7-10; I Juan 1:9? ¿Qué bendiciones acompañan el perdón de Dios?

C. ¿Cómo aconsejaría a alguien que lucha consigo mismo para ser perdonado por sus pecados? ¿A qué versículos le dirigiría?

Capítulo 17: El evangelio de la segunda oportunidad

1 *No se maraville que ellos lo llaman el evangelio de la segunda oportunidad.*

A. ¿Cuál es el significado del «evangelio de la segunda oportunidad»? ¿Qué otros nombres se le podría dar?

B. De todos los seguidores que desertaron y dejaron a Jesús quizás la historia de Pedro es la más impactante. Lea el relato de la negación de Jesús en Marcos 14:27-31, 66-72 y luego la respuesta del ángel después de la resurrección de Jesús en Marcos 16:1-7. Lea también Lucas 24:33-34 y Juan 21:15-19. ¿Qué mensaje es transmitido en el hecho de que Pedro se quedó solo? ¿Cuál parece ser la actitud de Jesús hacia Pedro? ¿frustración, desilusión, preocupación, amor?

C. ¿En qué otras ocasiones había tenido Pedro una segunda oportunidad? Lea Mateo 14:22-33 y 17:18. ¿En qué manera le dio Jesús oportunidades adicionales? ¿Cuál parece ser la actitud de Jesús hacia Pedro en cada ocasión?

D. ¿Cuál cree que es la actitud de Jesús en cuanto a darle una segunda, tercera o cuarta oportunidad? ¿Haría Él por usted menos de lo que hizo por Pedro?

2. *No todos los días usted encuentra alguien que le dará una segunda oportunidad, mucho menos quien le dará una segunda oportunidad todos los días.*

A. ¿Puede pensar en una ocasión en que se le dio una segunda oportunidad? ¿Cómo le afectó? ¿Cuán deseoso está usted de dar a otros una segunda oportunidad?

B. ¿Qué dice Mateo 18:21-35 sobre segundas oportunidades? ¿Qué dice el Salmo 78 sobre la voluntad de Dios para proveer segundas oportunidades? ¿Cuántos ejemplos de segunda oportunidad registran los salmos? ¿Qué enseña Job 33:12-30 acerca del papel activo de Dios en segundas oportunidades?

C. Como un recordatorio de que Él es el Dios de las segundas oportunidades, ponga por escrito Lamentaciones 3:19-26 y coloque este escrito donde usted pueda verlo todas las mañanas.

Capítulo 18: Deje lugar para lo mágico

1. *Cometemos las mismas equivocaciones que Tomás hizo: olvidamos que «imposible» es una de las palabras favoritas de Dios.*

A. ¿Qué «imposibilidades» había presenciado Tomás? ¿Por qué cree el dubitativo que Jesús se levantó de entre los muertos?

B. ¿Qué seguridad nos da Efesios 3:20 de que Dios está todavía en el asunto de los «imposibles? ¿Es verdadero este versículo para los creyentes de hoy como lo fue para los originales receptores de la carta? ¿Cuál es «su poder que obra en nosotros»?

C. ¿Qué meta ha parecido asimismo imposible para que Dios la cumpliera? ¿Qué podría usted específicamente empezar a orar para llegar a esa meta? ¿Qué pasos adicionales podría tomar hacia esa meta?

2. *Cualquier ocasión en que mezcle lealtad con un poco de imaginación, usted tiene un hombre de Dios su mano.*

A. ¿Conoce algunas personas que, como Tomás, ejemplifican una mezcla de lealtad con imaginación para servir a Dios? Dé un ejemplo. ¿Qué hace de ellos siervos efectivos?

B. Mire estos ejemplos de personas que fueron leales e imaginativas para servir a Dios: Abigaíl (I Samuel 25:1-35); la madre de Moisés (Éxodo 1:22; 2:10), y los amigos del paralítico (Marcos 2:1-12). ¿Cómo fue leal cada uno a Dios? ¿Cómo fue imaginativo cada uno? ¿Qué bien resultó en cada caso?

C. ¿Cómo mediría usted su «coeficiente de lealtad»? ¿Cómo mediría su «coeficiente de imaginación»? ¿Qué sugerencia tomaría usted de Tomás y de los otros acerca de cómo incrementar los dos coeficiente?

Capítulo 19: Una candela en la caverna

1. *Jesús no tenía lugar para aquéllos que se especializaban en hacer de la religión una trifulca, y de la fe una lucha. No había lugar en absoluto.*

A. ¿Con quién fue Jesús más paciente durante su vida en la tierra? ¿Con quién fue menos tolerante? ¿De quién piensa usted que Jesús sería menos tolerante si hubiera nacido hoy en nuestro mundo?

B. Lea Mateo 23. ¿A quién está Él hablando en este capítulo? ¿Cuál fue su papel en la sociedad judía? Haga una lista de las prácticas que Él condena.

C. ¿Hasta qué punto cada uno de esos problemas existen en la religión moderna?

2. *Y todavía se da a menudo el caso de que uno tiene que encontrar la fe a pesar de la iglesia, en vez de en la iglesia.*

A. ¿Hasta qué punto convendría usted con las afirmaciones de Lucado? ¿Qué cree que es verdadero, o falso?

B. Note algunas de las personas a las que Jesús alabó por su fe: el centurión romano (Lucas 7:1-10); la mujer canaanita (Mateo 15:21-28 y Marcos 7:24-30); y, como está implicado por las acciones de Jesús, el ladrón en la cruz (Lucas 23:39-43. En cada caso, ¿cómo fue encontrada la fe en tan inesperado lugar?

C. ¿Qué lección hay para nosotros en estos ejemplos? ¿ignoramos a las personas que consideramos candidatas indignas para la fe en Jesús? ¿Dónde podría usted invertir más grandes esfuerzos en el futuro?

Capítulo 20: Mensajeras en miniatura

1. El asunto no es sólo de lágrimas; es de lo que ellas representan. Representan el corazón, el espíritu y el alma de una persona. ¡Poner una llave y cerradura en sus emociones es enterrar parte de su semejanza a Cristo!

A. ¿Cómo nos sentimos al mostrar nuestras emociones? ¿Por qué somos tan reacios a mostrarlas públicamente? ¿Hasta qué punto atribuimos una muestra de emoción al género o al tipo de personalidad como opuesto a ser una parte natural y necesaria en cada persona?

B. ¿Qué emociones revela Cristo en estos pasajes: la muerte de Lázaro (Juan 11:17-36), mirando a Jerusalén (Lucas 19:41-44); en el Monte de los Olivos (Lucas 22:39-46)?

C. ¿Qué precio físico pagamos cuando embotellamos nuestras emociones? ¿Qué precio espiritual pagamos cuando suprimimos nuestras emociones?

2. Usted no puede ir a la cruz sólo con su cabeza sino con su corazón.

A. ¿Está de acuerdo con la afirmación del autor? ¿Cuál es el peligro de tener una religión que es totalmente corazón y no cabeza? ¿Cuál es el peligro de tener una religión que es totalmente cabeza y no corazón?

B. ¿Qué emociones fueron desplegadas por aquéllos que vieron la muerte y la resurrección: los testigos oculares de la crucifixión (Lucas 23:47-49); las personas en el camino a Emaús (Lucas 24:13-32); aquéllos que le siguieron (Marcos 16:9,10; Juan 20:19,20)?

C. ¿Deberían ser nuestras emociones diferentes de las de ellos? ¿Cómo podemos impedir el llegar a estar cansados por la familiaridad de la historia?

Capítulo 21: ¡Vivo!

1. *En este capítulo es como si Lucado capturara los fragmentos congelados de los acontecimientos que van desde el jardín de Getsemaní hasta la resurrección.*

A. ¿Cuál es efecto de estas rápidas imágenes?

2. *Mire cada acontecimiento.*

A. ¿Qué palabra lo describe mejor en cada párrafo?

¿Qué otras palabras añadiría usted a cada acontecimiento?

3. *Lea el relato de estos acontecimientos, de este tiempo del Evangelio de Mateo (Mateo 26:36 28:10).*

A. ¿Qué otras imágenes ve en el relato de Mateo?

Capítulo 22: Brazos abiertos

1. *La lección de reafirmación es clara. Dios usó (¡y usa!) personas para cambiar al mundo. ¡Personas! No santos ni superhombres ni genios, sólo personas... Y lo que a ellas pueda faltarles en perfección, Dios los compensará en amor.*

A. ¿A quién pondría usted en la lista de «Quién es quién» de los cinco hombres y mujeres más destacados de la Biblia, aparte de Jesús? ¿Qué fortalezas posee cada uno? ¿Qué debilidades posee cada uno? ¿Cómo fue usada cada persona para cambiar el mundo?

B. ¿Cómo usa Dios nuestras debilidades para su propósito, de acuerdo con II Corintios 12:7-10 y capítulo 4?

C. Si Satanás tratara de convencerlo de que usted no es de especial valor para el Señor, ¿cómo podría hacerlo? ¿Cómo le respondería?

2. *Mire al perdón hallado en esos brazos abiertos y cobre ánimo.*

A. ¿Cómo pintaría usted a Dios? ¿Lo haría con los brazos abiertos?

B. A medida que lee los siguientes pasajes, haga una lista de las maneras en que Dios ama y perdona a sus seguidores, tal como está descrito en: Éxodo 34:6-7; Salmo 32; Salmo 103:1-18; Isaías 44:21,22; Juan 1:7-9.

C. Lea otra vez la descripción en Lucas 15:20 de la reacción del Padre cuando vio a su hijo que volvía a casa. La próxima vez que usted necesite pedirle perdón, imagíneselo reaccionando hacia usted de la misma manera corriendo a encontrarlo, lleno de compasión, poniendo los brazos a su alrededor y besándole. ¿Qué clase de valor requiere hablar a un padre como ese?

Capítulo 23: Un vendedor callejero llamado contentamiento

1. *Una hora de contentamiento. Una hora cuando los apuntes son olvidados y las luchas han cesado. Una hora cuando hemos oscurecido lo que queremos.*

A. ¿Cómo definiría el contentamiento? ¿Qué tiene de diferente a la felicidad? ¿Qué es necesario para estar contento?

B. Lea Filipenses 4:11-13, donde Pablo dice que ha encontrado el contentamiento en todas circunstancias. ¿Cuál era ese secreto? ¿Qué clase de circunstancias habían estado en Pablo, de acuerdo con II Corintios 11:23-28?

C. ¿Cuán raro es el contentamiento? ¿Con qué palabras describiríamos mejor la mayoría de nosotros un día normal: preocupado, apurado, ocupado, frustrado, cansado, ansioso, desanimado, o pacífico, sereno, contento, feliz, relajado? ¿Qué consejo podría darnos Pablo para aumentar nuestro contentamiento?

2. *«Las personas parecen extrañamente orgullosas de sus úlceras y dolores de cabeza.»*

A. ¿De qué manera es verdad esta afirmación para muchas personas? ¿Qué hace de la tensión y la presión, virtualmente, el sello distintivo del «éxito»?

B. De acuerdo a Lucas 12:22-34, ¿cuáles deberían ser los sellos distintivos de nuestra vida en Cristo? ¿A qué nos compara Jesús? ¿A qué comparamos nuestras vidas: a una carrera de ratas o a nadar con los tiburones? ¿Qué contrastes son evidentes?

C. ¿Qué dice su salud física sobre su sentido de paz y contentamiento? ¿Qué dice de su nivel de preocupación? ¿Hasta qué punto está usted tratando los síntomas en vez de dirigirse al problema?

Capítulo 24: Cerca de la cruz, lejos de Cristo

1. *Tan cerca de la cruz pero tan lejos de Cristo.*

A. ¿En qué manera somos como los soldados al pie de la cruz? ¿Dónde tenemos los ojos enfocados: arriba en el crucificado Hijo de Dios o abajo en nuestras posesiones? Como ellos, ¿en qué manera estamos impresionados por la vista de la crucifixión?

B. ¿De qué maneras nos enfocamos en las trivialidades de la religión y pasamos por alto el corazón del asunto? ¿Qué le dijo Jesús en Mateo 23:23-24 a aquéllos que se concentraron en los más triviales asuntos de la religión? ¿Cómo define Miqueas 6:8 el «corazón del asunto»?

C. ¿Cuáles son los asuntos que usted ve que están discutiendo y dividiendo ahora a las iglesias, y que usted piensa que Jesús los consideraría como la menta, el eneldo y el comino»? ¿Qué consideraría usted que sería el «más importante asunto» hoy?

2. ¿Y qué acerca de usted? ¿Puede construir un puente, lanzar una cuerda, cruzar un precipicio.., orar por unidad?

A. ¿Cuánta unidad es posible entre los grupos religiosos? ¿Hasta qué punto pueden las iglesias tener diferencias y continuar unidas?

B. De lo que usted ve en la oración de Jesús en Juan 17:11, 20-23, ¿cuál es la base más apropiada para la unidad de la Iglesia hoy en día?

C. ¿Qué podemos hacer como individuos para aumentar la unidad entre los creyentes? ¿Qué podría hacer su iglesia para incrementar la unidad con otras iglesias?

Capítulo 25: La niebla del corazón roto

1. *Ver a Dios así nos hace maravillarnos de nuestro propio sufrimiento. Dios nunca fue más humano que en esta hora. Dios nunca estuvo más cerca de nosotros que cuando estaba en dolor.*

A. ¿Cómo ayuda esto a entender que Jesús sufrió en su humanidad en el jardín de Getsemaní?

B. Vuelva a leer el relato en Marcos 14:32-42 o en uno de los otros evangelios. ¿Qué de la conducta de Jesús le parece a usted muy «humana»? ¿Cuáles de estos acontecimientos lo sorprenden?

C. Si este fuera el único pasaje disponible para alguien no cristiano, ¿qué principios básicos del evangelio podrían ser enseñados de él? ¿De qué manera puede este pasaje servir como un ejemplo y animarnos cuando oramos «en medio de la niebla»?

2. *Si es verdad que en el sufrimiento Dios es más como el hombre, tal vez en nuestro sufrimiento nosotros podamos ver a Dios como nunca antes.*

A. En tiempos de sufrimiento, ¿es nuestra visión de Dios mejor o peor? ¿Bajo qué circunstancias se puede usted volver a Dios? ¿Bajo qué circunstancias se puede alejar de Dios?

B. ¿Cómo nos aseguran los siguientes pasajes que Dios no sólo nos entiende sino que nos cuida de nuestros sufrimientos: Mateo 10:28-31; Juan 14:1-3; Romanos 8:28-39?

C. ¿Cómo pueden los tiempos de sufrimiento ser finalmente una bendición? Lea II Corintios 4:7; 5:11; II Tesalonicenses 1:3-10; y Lucas 6:20-22.

Capítulo 26: ¿Pâo, senhor?

Vivir en Brasil le brinda a usted la oportunidad diaria de comprar un caramelo o un emparedado para estos pequeños desamparados. Es lo menos que podemos hacer.

A. ¿Ha tenido alguna vez una experiencia como la del autor? ¿Qué hace usted cuando se ve confrontado por un mendigo, un desamparado y le pide una limosna por caridad?

B. ¿Cómo dijo Jesús que deberíamos tratar a los otros en Mateo 10:40-42 y Mateo 25:31-46? ¿qué dijo santiago acerca de esto en santiago 2:14-17?

C. ¿Cómo resumiría los mandamientos que se encierran en los pasajes anteriores? ¿Qué clase de racionalización puede mantener más fácilmente a los cristianos haciendo lo que actualmente hacen en vez de hacer lo que se nos ha pedido hacer?

2. *Si soy tan conmovido por un huérfano callejero que me dice gracias por un pedazo de pan, ¿cuánto más es Dios conmovido cuando hago una pausa para agradecerle —realmente agradecerle— por salvar mi alma?*

A. ¿Algunas veces, damos las bendiciones —y particularmente nuestra salvación— por descontadas. ¿Por qué?

B. ¿Qué enseñan los siguientes pasajes sobre el expresar gratitud a Dios: la Tesalonicences 5:16-18; Efesios 5:19,20: Colosenses 1:10-14; Colosenses 3:15-17? ¿Por qué vamos a dar gracias? ¿Cuándo?

C. ¿Hasta qué punto son la alabanza y la gratitud una parte de nuestras oraciones? ¿Cómo se comparan con sus peticiones a Dios? ¿Cuándo fue la última vez que usted le agradeció verdaderamente a Dios por salvar su alma?

Capítulo 27: Cachorritos, mariposas y un salvador

1. *La culpabilidad se mete en las garras del gato y roba cualquier gozo que pueda haber parpadeando en nuestros ojos.*

A. El autor compara la culpabilidad con un gato robando nuestro gozo. ¿De qué otra manera podría describir el efecto de la culpa?

B. ¿Cómo describen estas escrituras los efectos de la culpa: Salmo 31:9,10; Salmo 38; Salmo 51? ¿Qué visión ofrecen para la cura de la culpa?

C. ¿Puede existir el gozo juntamente con la culpa? ¿Cuál es la emoción más fuerte? ¿Qué consejo daría usted para reemplazar la culpa con paz y gozo?

7. *Deje de tratar de ocultar su propia culpa. Usted no puede hacerlo. No hay manera. Ni una botella de licor o una asistencia perfecta a la Escuela Dominical lo absolverán.*

A. ¿Cómo tratamos de ocultar nuestros sentimientos de culpa? ¿Cómo tratamos de racionalizarlos?

B. En sus propias palabras explique el mensaje de los siguientes versículos: Isaías 43:25; I Juan 1:7-9; Hebreos 10-22.

C. ¿Cuándo la culpa es una emoción saludable y necesaria? ¿Cuándo es una emoción nada saludable? ¿Cuándo no es saludable no sentir culpa? ¿Cómo resumiría usted el papel que juega la culpa en la vida cristiana?

Capítulo 28: El testimonio de Dios

1. *Pensé en su fe, en su capacidad para creer, y en su sorpresa de que hubiera quienes no pudieran creer».*

A. Generalmente hablando, ¿quién tiene más facilidad para creer: aquellos que tienen poca educación o aquellos que tienen mucha educación? ¿Qué peligros potenciales hay en ser demasiados sofisticados en el conocimiento?

B. ¿Qué enseñan Romanos 1:18-20 y Hechos 14:15-17 sobre la capacidad de las personas para ver la existencia de Dios?

C. Confirme en sus propia palabras la definición de fe de Hebreos 11:1-3.

D. ¿Qué es para usted más difícil de creer: que hay un Dios o que no lo hay? ¿Cómo explicaría sus razones de fe a alguien que no cree en Dios?

2. *Para entender y creer realmente en el milagro de la cruz, haríamos bien en ver los milagros de Dios todos los días.*

A. Para usted, ¿qué evidencia diaria de la presencia de Dios es más demandante de una decisión? ¿Ha llegado esto a ser tan común que lo da por sentado?

B. ¿Qué evidencia de Dios celebra el salmista en Salmos 19:1-4 y Salmos 33:6-15?

C. Si usted fuera a escribir un salmo sobre los milagros diarios de Dios, ¿qué milagros incluiría?

Capítulo 29: Las decisiones dinamita

1. *Una afirmación hecha por nuestro Maestro nos ofrece dos herramientas básicas para mantener nuestra frialdad en el calor de una decisión. «Velad y orad para que no caigáis en tentación».*

A. ¿Ha visto alguna vez en «el jardín de la decisión» que usted mismo está allí? ¿En qué manera su lealtad ha sido desafiada? Cuando usted se enfrenta repentinamente con una decisión, ¿cómo tiende a reaccionar?

B. Vuelva a leer el relato en Marcos 14:32-52 de la escena del jardín. ¿Cómo vemos a Jesús usando estas herramientas? ¿Cuál fue el resultado? ¿Cuál fue el resultado en los discípulos al no usarlas?

C. ¿Cómo reafirmaría en términos modernos los siguientes pasajes: Proverbios 4:23-27; I Corintios 16:13; I Pedro 5:8?

D. Se dice que el carácter de una persona se manifiesta en momentos de crisis. ¿Qué sugerencias específicas tiene para quien desee que un carácter como el de Cristo se manifieste en momentos de crisis y de decisiones repentinas?

2. *Segunda herramienta: «Orad». Orar no es decirle nada nuevo a Dios. No hay un pecador ni hay un santo que pueda sorprenderlo. Lo que la oración hace es invitar a Dios a caminar con nosotros los senderos sombreados de vida.*

A. ¿Está de acuerdo con las afirmaciones del autor en cuanto a la oración? ¿Cómo podría ampliar la idea de invitar a Dios a caminar con nosotros?

B. Lea Lucas 18:1-8. ¿Qué lección nos enseña Jesús acerca de la oración? ¿Qué discernimiento adicional en la oración ofrecen estos versículos: Efesios 6:18; Colosenses 4:2-4; Hebreos 4:16? ¿Por qué tenemos que orar? ¿Cuál debe ser nuestra actitud en oración?

C. ¿Por qué aspectos específicos orando en relación con usted mismo está usted? ¿Por qué aspectos específicos está usted orando en relación con otros? ¿En qué otras áreas podría querer invitar a Dios a caminar con usted?

Capítulo 30: ¿Qué esperaba usted?

1. *Expectativas. Crean amor condicional.*

A. ¿Cuál es el problema con el amor condicional? ¿Qué hace a los matrimonios? ¿A los hijos? ¿A la fe?

B. ¿En qué manera dejó Jesús de llenar las expectativas de las personas en relación con el Mesías? ¿Qué esperaba la gente de Él? De acuerdo a Mateo 11:1-6 y a Juan 6:35-66, ¿cómo pudieron aun aquellos que estaban cerca de Jesús tener expectativas equivocadas? ¿Qué sucedió cuando sus expectativas no fueron cumplidas?

C. ¿Qué expectativas tenemos de Jesús? ¿Qué pasa cuando Él deja de encontrar nuestras expectativas? Por ejemplo, ¿qué le pasa a su fe y a su amor cuando Él no responde su oración de acuerdo a lo que usted esperaba?

2. *Jesús indicó sus expectativas con dos importantes compañías: perdón y aceptación.*

A. Dentro de este estudio, ¿cuáles son algunos ejemplos de las expectativas de Jesús que no se cumplieron? ¿Cómo respondió Él? Tome, por ejemplo, el caso de los discípulos en el jardín de Getsemaní.

B. Mire estos ejemplos en los cuales las personas no llenan las expectativas de Jesús: los discípulos (Mateo 17:14-21; Marcos 8:1-21); Judas (Mateo 26:47-50); Pedro (Mateo 16:21-23). En cada caso, ¿qué esperaba Jesús de ellos? ¿Por qué la gente falla en llenar sus expectativas y cómo los trata Él?

C. Pase algún tiempo en oración. Pida perdón por fallar a las expectativas de Jesús y alábelo por aceptarlo a pesar sus fracasos. También ore por la fortaleza necesaria para parecerse a Cristo en perdonar y aceptar a otros que fallan en llenar sus expectativas.

Capítulo 31: Vuelve a casa

1. *Cuando el orgullo se encuentra con el hambre, el ser humano puede llegar a hacer cosas que antes eran inconcebibles.*

A. ¿Está de acuerdo con el autor en que, dadas las circunstancias apropiadas, «un ser humano hará cosas que antes le eran inconcebibles»? ¿Hasta qué grado somos cada uno de nosotros capaces de los más atroces pecados?

B. ¿Cómo describiría la condición de la humanidad: básicamente buena, básicamente mala, un producto del medio ambiente, un producto de la genética? ¿Qué nos enseñan los siguientes pasajes sobre la pecaminosidad de la humanidad? Eclesiastés 7:20; Isaías 64:6; Romanos 3:9-23?

C. ¿Por qué es bueno para cada uno de nosotros reconocer nuestra pecaminosidad? ¿Cómo afecta nuestra perspectiva en el sacrificio que hizo Cristo por nosotros? ¿Cómo afecta nuestro entendimiento y perdón hacia los demás?

2. *«Cualquier cosa que hayas hecho, cualquier cosa que hayas llegado a ser, no importa. Por favor, vuelve a casa».*

A. ¿En qué manera Jesús nos dice lo mismo a nosotros?

B. Para usted, ¿qué imágenes en los siguientes pasajes ilustran mejor el viaje de un pecador y su regreso a casa: Deuteronomio 4:29-31; Deuteronomio 30; Lucas 15:3-10? ¿Cómo describen la actitud del pecador? ¿Cómo describen la recepción de Dios?

C. Describa una «vuelta a casa» especial que usted haya experimentado. ¿Qué recuerdos le son más vívidos? Si un terrenal regreso a casa puede ser tan poderoso, ¿puede usted imaginar cómo es una vuelta a casa espiritualmente hablando?

Capítulo 32: Inconsistencias consistentes

1. *El mal está paradójicamente cerca del bien.*

A. ¿Qué ejemplos puede dar de la afirmación del autor? ¿Ministros dedicados a sus feligreses pero descuidando a su familia? ¿Una amistad convirtiéndose en una aventura? ¿Un deseo de «buenas obras» negando la gracia de Dios?

B. La Biblia está llena de ejemplos de buenas intenciones conduciendo a malos resultados y de malas intenciones disfrazadas como buenas. ¿Cómo eran los fariseos agarrados en esta paradoja? Lea Mateo 23:1-12, 15, 23-24, 27-28. ¿Cómo se había pervertido el bien? De acuerdo a II Corintios 11:13-15, ¿cómo se disfraza, el mal de bien?

C. ¿Cómo podemos discernir el bien del mal, según la Juan 4:1-3 y Romanos 12? Haga una lista de los indicadores prácticos de la vida devocional, tal como está en Romanos 12.

2. *Nunca el bien estuvo tan íntimamente entrelazado con el mal como cuando Jesús estaba suspendido entre el cielo y la tierra.*

A. ¿Cómo la crucifixión fue la última y más grande batalla entre el bien y el mal? ¿De qué manera estuvieron el bien y el mal estrechamente conectados?

B. Busque en el relato de Mateo acerca de la crucifixión, comenzando con el versículo 26:1 y terminando con el 27:56. Tome una hoja de papel y trace una línea vertical. En el lado izquierdo haga una lista de los sustantivos significativos y de los verbos que están en la lectura que describen las fuerzas de las maldades que precipitaron la crucifixión. En el lado derecho de la línea haga una lista de los sustantivos y verbos que describen a Jesús durante esos acontecimientos.

C. ¿Cómo reaccionaría usted a esa lista? Resuma en una oración el mensaje de la lista. ¿En qué manera es ese el mensaje de este libro? ¿En qué manera es ese el mensaje de la Biblia misma?

Capítulo 33: El rugido

1. *Más de la mitad del mundo no ha oído la historia del Mesías, y mucho menos la ha estudiado.*

A. ¿Qué oportunidades hay para llevar la historia del Mesías a los lugares del mundo donde anteriormente ha sido negada? ¿Qué está haciendo su iglesia para aprovechar estas oportunidades?

B. ¿Cómo respondería a aquellos que creen que no están lo suficientemente preparados para llevar el evangelio? ¿Qué incentivo se halla en I Corintios 1:20-2:5, Romanos 1:16-17; Efesios 1:13,14; Colosenses 1:3-6?

C. ¿Cuáles son los asuntos esenciales al contar la historia del Mesías? ¿Cuál no es esencial?

2. *Tal vez todos nosotros necesitamos testificar de su majestad y suspirar por su victoria. Tal vez necesitamos oír de nuevo nuestra misión.*

A. ¿De qué manera está ajustándose este pasaje para concluir el libro? En su opinión, ¿cuál fue el propósito del autor al escribir este libro? Para usted, ¿ha sido bien logrado? ¿Cuál es su respuesta al Salvador que él ha presentado?

B. ¿Cuál es la comisión que Jesús dio en Mateo 28:18-20? ¿Por qué es llamada a menudo la «Gran Comisión»? ¿Qué estamos comisionados a hacer en Romanos 10:9-17?

C. ¿Cómo está participando usted en llevar la historia del Mesías a aquellos que no la han oído? ¿Qué podría hacer para estar más activamente involucrado? ¿Podría I Corintios 9:16 llegar a ser nuestra orden de marcha?

D. Al principio de este estudio usted escribió cinco metas para el estudio. Mírelas nuevamente. ¿Hasta qué punto las ha cumplido? ¿Hay algunas que a usted le gustaría continuar intentando alcanzar?

Notas

La parte que importa
1- I Corintios 15.3,4.

Capítulo 2
1 I Pedro 2:23.
2 Lucas 23:34.

Capítulo 3
1- Romanos 7:15 (paráfrasis del autor).

Capítulo 4
1- Walter Kaufman Ed. Esistencialism from Dostoyeosky to Sartre, New York, Meridian Books, 1956, pp. 294-295).

Capítulo 5
1- Hechos 20:35.
2- Lucas 9:24.
3- Mateo 13:57.

Capítulo 6
1- Madeleine Blais, «Who is going to love Judith Bucknell?» (Parte I) Tropic Magazine, del *Miami Herald, 12 de octubre de 1980.*
2- Ibid.
3- Ibid.

4- Ibid
5- Mateo 27:46
6- Levítico 16:22 (paráfrasis del autor).

Capítulo 8
1- Génesis 1:1.
2- Hebreos 1:1-2.

Capítulo 9
The «boxer», por Paul Simon, 1968.
2- Ibid.
3- Mateo 10:22.
4- Santiago 1:2-3.
5- Hebreos 12:12,13.
6- Gálatas 6:9.
7- II Timoteo 4:7-9.
8- Santiago 1:12.

Capítulo 12
1 Lucas 23:47.

Capítulo 13
1 Mateo 27:19.
2 Lucas 23:4,7,17,20,22.

Capítulo 16
1 Romanos 7:24.
2 Frederick Buechner, *The Sacred Journey, p.52, Harper and Row, 1982.*

Capítulo 18
I Juan 14:5.
2 Juan 11:16.
3 Juan 20:25, paráfrasis del autor.
4 Efesios 3:20.
5 Juan 20:28.

Capítulo 19
1 Mateo 23.

Capítulo 22
1 Génesis 12:10-20.
2 Génesis 20:2.

Capítulo 25
1 Marcos 14:32-42.
2 Isaías 53:3.
3 Hebreos 5:7.

Capítulo 27
1 Romanos 7:24.
2 Génesis 6:6.

Capítulo 28
1 I Corintios 2:5.
2 Salmo 19.

Capítulo 29
1 Marcos 1:50.
2 Marcos 14:38.

Capítulo 30
1 Romanos 5:8.

Capítulo 31
1 Hebreos 1:3 (versión libre).
2 Mateo 11:28

Capítulo 33
1 Juan 20:21.